你柏拉圖系的？

眼柏拉圖看哲學大師的輝煌成就

劉燁、曾紀軍 編譯

The wisdom of
Platonism

將柏拉圖思想融進
人生的靈魂世界

崧燁文化

U0034539

目錄

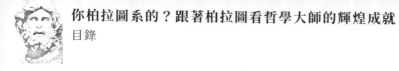

內容提要

柏拉圖（希臘語：Πλάτων，英語：Plato，約公元前四二七年至前三四七年）不僅是古希臘哲學，也是全部西方哲學乃至整個西方文化最偉大的哲學家和思想家之一。

我們大都只是知道柏拉圖的精神戀愛，知道柏拉圖的無性戀愛，卻很少知道別的。比方說：柏拉圖的靈魂論、柏拉圖的認知論、柏拉圖的辯證法、柏拉圖的烏托邦、柏拉圖的美學論等。《柏拉圖的智慧》就是從上述諸方面一一闡述的，可以毫不誇張地說：本書用最易懂的語言，用最輕鬆的語氣，讓你認識一個全面而真實的柏拉圖。讓柏拉圖的智慧，穿越歷史，穿越時空，穿越國界，指引我們向前行。

序言

　　柏拉圖（Plato 約公元前四二七年至前三四七年），古希臘哲學、西方哲學乃至整個西方文化最偉大的哲學家和思想家之一，「理念論」以及理性主義的鼻祖。

　　柏拉圖曾從師於蘇格拉底，是亞里斯多德的老師，三人對古希臘以及後來的西方思想文明有深遠的影響。其中，承前啟後的柏拉圖有著尤為重要的作用。

　　由於天資聰穎，並受到良好教育，柏拉圖一生才思敏捷，研究廣泛，且著述頗豐。僅以他的名義流傳下來的著作就有四十多篇，另有十三封書信。

　　受到老師蘇格拉底的影響，柏拉圖的主要哲學思想都是透過對話的形式記載下來的。這些對話人物性格鮮明，場景生動有趣，語言優美華麗，論證嚴密細緻，內容豐富深刻，達到了哲學與文學、邏輯與修辭的高度統一，不僅在哲學上，而且在文學上亦具有極其重要的意義和價值。

　　柏拉圖認為，任何一種哲學要具有普遍性，必須包括一個關於自然和宇宙的學說在內。柏拉圖試圖掌握有關個人和大自然永恆不變的真理，因此發展一種適合併從屬於他的政治見解和神學見解的自然哲學。

　　公元前三八七年，在朋友的資助下，柏拉圖在雅典創建了「柏拉圖學院」。學院的創立是柏拉圖一生最重要的功績。當時希臘世界大量最有才華的青年受到柏拉圖的吸引而來到這裡。他們聚集在柏拉圖周圍從事科學研究和學術討論，為後來西方各門自然科學和社會科學的發展提供了許多原創性的思想。可以說，柏拉圖學院在西方開創了學術自由的傳統，是當時重要的思想庫和人才庫。

　　柏拉圖的後半生除了短期去過西西里以外，都是在學院裡度過的，他的著作大多數在這裡寫成。

　　柏拉圖思想對後世的影響無可計量。毫不誇張地說，柏拉圖的作品是西方文化的奠基文獻，在西方哲學的各個學派中，很難找到沒有受到他影響的

學派。在後世哲學家和基督教神學中，柏拉圖的思想保持著巨大的影響力。有的哲學史家甚至認為，直到近代，西方哲學才逐漸擺脫了柏拉圖思想的控制。

　　本書由柏拉圖原著編譯而來，對柏拉圖的主要哲學思想做了精闢的介紹，既適合於初學者對柏拉圖思想進行提綱挈領的把握，也可為相關專業人士進一步思考和分析柏拉圖思想提供有力的參考，更能讓廣大讀者親密接觸和認識二千多年前的柏拉圖智慧而深邃的精神世界。

劉燁

柏拉圖生平

公元前四二七年，柏拉圖出生於雅典附近的伊齊那島的一個名門望族。柏拉圖原名亞里斯多克勒斯（Aristokles），後因強壯的身軀和寬廣的前額而改名為柏拉圖（在希臘語中，Plato 一詞是「平坦、寬闊」等意思），這是其體育老師給他取的綽號。

柏拉圖是在戰爭時期長大的，但他的家庭並未像其他許多家庭一樣因戰爭而家道中落，因而，柏拉圖從小受到了良好的教育，對音樂、繪畫、文學都有廣泛的涉獵，並取得了一定的成績。大約二十歲時，欲投身政治的柏拉圖開始追隨哲學家蘇格拉底，並越來越傾心於他。數年之後，當局以莫須有的罪名判處蘇格拉底死刑，蘇格拉底服毒而亡，時值公元前三九九年。

蘇格拉底之死成為柏拉圖人生的轉折點，他因此而捨棄了從政的志向，一心一意地研究哲學。柏拉圖成為哲學家後的第一本著作就是對蘇格拉底受審時的記錄——《自辯辭》。常見的一種說法是，柏拉圖早期的著作都是為了紀念蘇格拉底，主要闡述蘇格拉底的思想，直到後期才發展自己的學說。

蘇格拉底死後，雅典反對他的情緒達到了最高潮，柏拉圖不得不到墨伽拉避難，此後更是流亡到西西里、南義大利，甚至埃及等地。在此期間，他考察了各地的政法、宗教等制度，同時研究了天文、數學、音樂等理論以及各種哲學學派的學說，尤其是畢達哥拉斯學派，這個學派對柏拉圖今後的思想產生了重大的影響。

直至不惑之年，柏拉圖才輾轉回到家鄉。此時，蘇格拉底事件已被人們逐漸淡忘。公元前三八七年，柏拉圖在雅典城外西北角的阿卡德摩斯建立學院，並命名為阿加德米，這就是著名的「柏拉圖學院」，也是歐洲歷史上第一所傳授知識、進行學術研究，培養學者和政治人才的綜合性學校。

受畢達哥拉斯學派影響，柏拉圖學院非常重視數學，主要科目包括哲學、算術、幾何、天文等，此外還有帶有政治性質的治國之術。學生中包括跟隨

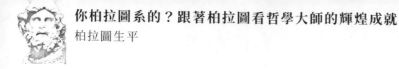

柏拉圖而來的迪昂以及大名鼎鼎的亞里斯多德，另外還有不少外來的望族。授課方式則是以蘇格拉底的「對話法」為主。

　　柏拉圖成功地經營這個學院二十年，直到公元前三六七年，也就是他六十歲的時候，平靜的生活中又出現了一場風波。敘拉古國王狄俄尼索斯一世過世，其子繼位。新國王沒有任何準備，難以勝任，於是就請他的舅父也是柏拉圖的弟子迪昂攝政。在迪昂的提議下，狄俄尼索斯二世邀請柏拉圖來做他的老師以學習治國之道。柏拉圖欣然接受，希望將其培養成一個現實中的「哲學王」。可是，在一些人的挑撥下，新國王與其舅父產生隔閡，並將其放逐到國外。後來，當柏拉圖試圖勸說國王與迪昂和好時反而激怒了國王，被囚禁了一年多才放他回去。

　　此後，柏拉圖重回雅典安頓下來。他放棄了政治實踐，過著平靜的生活，並在學院中完成了後期的著作。

　　柏拉圖是在八十歲時，也就是公元前三四七年逝世的。據說，在參加一次婚禮宴會時，柏拉圖默默地退到屋子的一角，平靜地無疾而終。他死後，被葬於他耗費了半生才華的柏拉圖學院。柏拉圖的一生經歷了恩師被害、流亡他國、與統治者的糾紛，同時又見證了雅典的衰落、政治的暴動、城邦向帝國的轉變，最終成為享有崇高聲譽的哲學巨頭。他的智慧和思想在人類文明史上綻放著耀眼的光芒。

第一章 柏拉圖與理念論

　　柏拉圖的哲學世界博大精深，窮其畢生之力所鑽研的理念論是他一切哲學的核心。這是他從巴門尼德的邏輯、畢達哥拉斯的數形玄學理論、赫拉克利特的熱情及蘇格拉底的人生哲學出發，創造出的一種具有極大誘惑力又能滿足宗教情操的哲學。柏拉圖認為，除了特殊的道德（善），還存在著一種一般的道德。這種一般的東西具有絕對性，永恆且不變，但當它們出現在空間與時間中時，就是以具體的、變動的、有生有滅的摹本形式發展。這就是理念。他認為只有理念才是真實的存在，因為它獨立於事物和人們的認知之外，構成一個客觀獨立存在的理念世界。根據理念論的觀點，世界的萬事萬物都存在著一個代表具有同類事物的「原形」，即「理念」。從客觀上看，柏拉圖的理念論有著許多錯誤，不夠完美，但這在世界哲學史上卻是一件驚天動地的事。它是第一次向共相認識發起的衝刺，並引發了此後兩千多年來人們對共相與規律的研究與探討，為推動人類對世界的認識做出了重大貢獻。

一、柏拉圖之辯證法

　　柏拉圖的「辯證法」是從對話中開始的，這個呆板的字眼被他把握得很深刻。他曾把前輩們的辯證法吸收到自己的辯證法之中。無可非議的是柏拉圖辯證法的偉大，不僅因為他在貫徹兩千年的哲學時首次提出了這個概念，更是他對思辯世界做出了現今可見的重要藍本。

　　在民主的城邦中，良好的語言表達能力在社會生活中起著重要的作用，雅典的民主，使「話語」成為一種關鍵性的力量，精通它的人就占有了優勢。於是，雅典出現了教人說話的職業，「善於表達思想的人」就是以此為業的「智者」（Sophistes）。然而，智者不但傳授了說話的技巧，還傳播著詭辯，這使人們的思想更加混亂，並且喪失了真實的價值觀。因此，蘇格拉底選擇了反對智者，尋求人生中確實的價值，並探索普遍的真理和真正的知識。「選擇」一詞，還意味著蘇格拉底為了這些尋求與探索而「選擇」了死亡。就這樣，從他的教導和這個死亡選擇中誕生了哲學。

「理念」正是這尋求的必然結果。理念一般是指道德與數學意義上的「事物自身」，如「圓自身」、「美自身」或者「善自身」等等，表示某種事物的本質，它無條件地存在，獨立於事物，又決定著事物之為事物的原因、根據和本原。理念學說作為柏拉圖哲學的核心，具有極為複雜的內容和含義，下面將專門探討。這裡要說的是，「理念」，作為柏拉圖對話中主要探討的問題，其性質決定了探討本身的特徵。理念的絕對實在性、無條件性，使其無法成為人類有限的認識的對象，人無法將理念變成有限的確定的對象而加以把握。理念的這種難以確定性，不同於感性的不確定性，表明理念是超越於感性、只向理智開放的無法對象化的對象。在《第七封信》中，柏拉圖說：「一般理論行為是無法勝任對這絕對概念的探究的。關於那主題，我並沒有寫過有關的書，將來也不會寫。這個真理和我們所學到的其他東西不同，不能用文字加以形容，但是在長期的追求之後，或者與之一起生活時，靈魂之中會突然產生一線光明，如同為飛耀的火花所照亮，然後自己能維持光明不滅。」

　　這些包含著深刻內涵的話，是柏拉圖對自己哲學生涯的一種反思。在他看來，真理是難以傳達的，真理超越於語言之上，對真理的探求不是純粹的理論問題，而是關係到或者取決於生活和靈魂。這就是說，一個哲學家不但要探索研究語言和思想，還要賦予它們更為深厚的基礎，即選擇某種能夠接近並契合真理的靈魂狀態，選擇一種接近本質的生活。

　　對話是柏拉圖選擇的方式，也就是選擇了他的對手的工具——「話語」。不過對於柏拉圖來說，話語、對話絕不僅僅是「工具」。柏拉圖的辯證法即為對話的辯證法，同樣，就本質而言，其辯證法的本質並不是一般意義上的「方法」。

　　對話的意義不在於透過爭辯論輸贏，而是為了讓思想層層推進、讓真理得以不斷呈現。對話是柏拉圖從蘇格拉底那裡繼承的，這樣的對話從簡單的問題出發，如公民們在日常生活中經常提出的「什麼是公正」等等。哲學就從此開始。不過，關鍵在於，對這些日常問題的回答不再「日常化」，不是在簡單主張、簡單見解的層次上，而是進入概念層次，即提出問題涉及的中

心概念，而後透過詢問和回答的手法，設定一個辯論部署，這個部署在進展的每一步都需要對話者的贊同。在文體上，一篇對話是一個「提問——回答」的辯論遊戲。這種問答的對話藝術，叫做「辯證法」（dialektikē，dialectic）。而與智者的詭辯相對抗的就是哲學的辯證法。

蘇格拉底扭轉了在他之前旨在透過自然來探詢本原的哲學方向，或者說從外在世界直接探尋終極實在的方向，放棄了「第一次航行」（protos plous），開始了「次好」或者「第二好」（deuteros plous 一般譯為「其次的最好方式」）。這體現了他偉大的創造力。這種轉向即從自然向人的轉向，更確切的說法是向語言、思，即向「邏各斯」的轉向。這種轉向的直接後果是蘇格拉底設定（postulate）理念的存在。在後面，我們將明確這種轉向的劃時代意義。對自然哲學的中斷、理念的設定意味著：

（1）歷史的開始，即以「選擇」和「自由」為基礎的人的歷史的開始。在深層意義上，這也是神的歷史的開始，更嚴謹地說，是神以被把握、被「思想」、被設定的方式而呈現、存在的歷史的開始。

（2）對人類而言，原始宗教和神話中的神，似乎是直接存在的，幾乎像人一樣生活，人可以聆聽甚至面對他們，與他們發生直接的關係。在《聖經》，尤其是《舊約》中，這種原始特徵多有反映，「十戒」就是上帝在直接為人立法。前蘇格拉底哲學企圖從自然中發現「神」或者本原的直接存在的努力，仍然殘留著這些原始特徵的痕跡。蘇格拉底拒絕人、神之間的直接關聯，轉向或者「逃回」邏各斯，確立了人與終極之間的「間接的」關聯方式，確定了語言、話語、思、邏各斯是「唯一的」關聯方式；真理和實在如果存在的話，只能「存在於此」、「呈現於此」。

可以把這看成哲學起始的重要標誌，哲學從此獲得自己的根本規定，一種間接的反思性的規定。邏各斯成為實在的鏡子。但「鏡子」的說法不夠確切，因為鏡子只能反射、反映，而不能敞開，而真理和實在作為感性不能完全確定和把握的東西，是不同於感性經驗的固定性、確實性的「虛化」的存在，需要敞開和虛空才能帶出，不過真理並非敞開和虛空的本身，而是「呈現」、「給出」真理的東西，話語、思、邏各斯的本性正在於此。

現在，我們需要暫時放下問答的辯證法，回到對話中來，先來考慮語言、邏各斯或者思的問題。我們繼續前面的問題，即真理如何傳達，或者話語如何接近真理（我們將看到，比較起來，「接近」一詞更為恰當）。我們從《第七封信》開始，在此，柏拉圖以「附論」的形式，對獲得見解的途徑問題進行了研究。

柏拉圖把認識的途徑分為三種：（1）名稱與詞（onoma）。（2）解釋或者概念規定（logos）。（3）現象、例證性影像、例子、圖形（eidolon）。然後，他又加上這三種因素所產生的第四種途徑即知識或見解本身。

就是這四種途徑將被認識的東西「呈現」給我們。不過，作為考慮中的知識對象的實在自身與所有這些都不同。柏拉圖斷言，這四種途徑都不能提供確實性，不能保證「事物本身」的真正「呈現」。柏拉圖以「圓」為例。

首先，「圓」這個名詞是從經驗或者數學而來的，但顯然這些圓不是「真正的圓」。不難理解，「真正的圓」是一種確實的東西，存在於我們的感性經驗之上。嚴格來講，「圓」不是理念本身，是一數學實在，但它作為現實世界中最直接的抽象實體，對於思想轉向真知、轉向理念，具有無與倫比的預備性功能，可以培養對純思對象的嚮往。

其次，在認識中，首先被想到的是名稱和詞，但對於某個認識對象可以有很多名稱。進一步的認識是概念的規定和定義，即邏各斯。「周圍各點與中心等距離」確切表達了「圓」的內涵，這是柏拉圖對圓的概念規定或定義。

在此，邏各斯是本質性規定。作為希臘哲學中最重要的概念之一，「邏各斯」有著豐富的含義，沙特萊侯爵夫人對它做了比較詳細地分析：在最初的含義中，邏各斯是指一個詞，一個你想賦予其意義的詞，如「三角形」、「阿芙羅黛蒂」等等。很快，邏各斯的意思發生了演變，它不再僅僅意味著一個具備含義的詞，而是指具備含義的詞的有意義的整體。例如「阿芙羅黛蒂是愛情女神」，「三角形各角之和等於兩直角之和」。但有些有意義的詞的組合無法產生有意義的句子，如「阿芙羅黛蒂是三角形」。因此，邏各斯的第三個含義，指我們身上能夠連結不同的詞句，使之成為一個具有意義的整體論證的東西。在這種整體性中，「普遍性」概念的含義開始表現出來，成為

話語意義評判的基礎。這是以概念的建立為前提的批判。那麼，這作為前提的「概念」的含義是什麼呢？

「其實，概念僅僅是伴隨著話語展開的精神結構（structurementale），而非其他任何東西。概念除了這種推論的展開之外沒有別的意義。」這是邏各斯的第四種含義。沙特萊侯爵夫人的話說明，話語邏各斯除了是一種純粹的理論行為，還是一種精神和理智的內在運動，是思自我展開的辯證法。

以「圖形」為例，柏拉圖說，人在沙子上所畫的圓及製造出來的圓都是可以毀滅的，兩者都屬於模型，但圓自身卻是不可毀滅的。

有形的可感的物體中並不存在知識和見解本身，它們在語言和靈魂中。但儘管如此，它們也不是事物自身。「因為圓自身並不存在於靈魂中。它是一種獨特的東西，與自身相同，又與靈魂中所出現的一切相異……見解也不屬於真知的實在，而屬於生成物（becoming, genesis）。」柏拉圖得出結論：這四種途徑無法與真知分離，但它們同時意味著，如果一個人利用了它們，那麼他就永遠不能用完全的確實性把握事物自身。人們永遠不能確信，事物自身會透過這些途徑以其徹底的、無遮蔽的（disconcealed）可理解性展現出來。所有這些途徑都斷定自身是獨立存在的東西，並且在進行揭示的過程中遮蔽了要透過它們進行展現的東西。這不但是邏各斯的缺陷，也是處於認知狀態的靈魂的缺陷。

一方面，人只能透過話語邏各斯以及它們容身和源出的靈魂來趨向實在；另一方面，邏各斯和靈魂又本然地不足以通向真理。這是柏拉圖面臨的困境，而要擺脫困境，就需要思路的開放和翻轉，「問題不是一個人如何傳達他對一個事物的知識，而是事物如何傳達它自身。」

如此一來，認識主體與認識對象似乎就變成了認識對象的自我表達的關係。實際上不是這樣，這只是表明認識方式，或者說認識性質的改變。伽達默爾在另一著作中講到，認識，或者說理解，「從來就不是一種對於某個被給定的『對象』的主觀行為」。那麼，消除了主觀性的認識、理解意味著什麼？我們將看到，這意味著「認識」即「思」的自在性。我們的論述所要達到的目的正在於此。

柏拉圖對此進行的思考是伽達默爾在《真理與方法》中透過對《克堤拉斯篇》的分析闡釋。他說：「柏拉圖想用當時關於語言理論的討論指出，在語言中，在語言對正確性的要求中（orthotēs tōn onomatōn），是不可能達到實際真理的（alētheia tōn ontōn），因此我們必須不藉助於語詞（aneu tōn onomatōn），而純粹從事物自身出發（auta exheautōn）認識存在物（das Seiende）。這樣，問題就向一種新的層次徹底深化了。

　　在此，柏拉圖渴望一種辯證法的要求是：「思」單獨依據於自身，克服語詞的障礙和語言的可疑性、含糊性，開啟思的真正對象，即「理念」。理念的純粹之思，即 Dianoia，作為靈魂同自己的對話是沉默的，邏各斯是從這種思出發的聲音之流，是其話語性表達。但是，柏拉圖並未考慮到，他視為靈魂自我對話的思的過程自身就包括一種語言的束縛性。看來，問題依舊，因為柏拉圖無法超越語言本身，無法建立語言與事物自身的有效關係，無法讓事物以事物自身的方式傳達出來。不過重要的是讓「思」單獨依據於自身的想法，這表明思和語言獨立性的某種傾向被確立了。

　　總體而言，在柏拉圖看來，語言是一個工具，是按照原型和對象自身來構造和判斷的一種影像和描摹。問題似乎就出在這裡。按照現象學的觀點，摹本（Abbild）與原型（Urbild）之間有一種本然的關係：摹本是原型的開啟，也就是說，對存在的描摹是存在自身的開啟，因此，原型透過摹本而得以展示，存在透過描摹而得以表現，得以存在。按照這種現象學觀點，柏拉圖理念思想中的「模仿」（mimēsis）概念將獲得更好的理解；相應地，語言對於柏拉圖來說也就突破了工具性含義，成為本質的語言，存在的語言。這正是柏拉圖期望在語言和理念實在、事物自身之間建立的一種關係，雖然他沒能明確意識到或者說達到這一步，但這種期望對於他是內在的、必然的。這種困境所帶來直接的重大的影響，是他困惑和反思理念與世界、存在與生成之間關係的結果。

　　有意思的是，在對這些問題的考慮中，柏拉圖雖暴露出其思想中的困惑和侷限，但卻有充分的開放性和獨立性，這在他的對話本身顯示出來，成為表現理念趨於真理的活的真實有效的東西。

柏拉圖對話有著驚人的豐富性和深刻性，因為克服自身侷限的思想能力包含在這對話之中。這正是柏拉圖辯證法的奧祕所在。在《真理與方法》中，伽達默爾領悟到這個奧祕，他認為，當蘇格拉底認為語詞與繪畫不一樣，語詞不僅具有正確性，而且具有真實性（alēthē）時，就像在完全黑暗的真理領域中的一道閃電，語言、邏各斯一下子上升到真理的高度，閃耀著存在的光芒。「語言的『真理性』當然並不在於其正確性，並不在於其正確地適用於事物。相反，語詞的這種真理性存在於語詞的完滿精神性之中，亦即存在於詞義在聲音裡的顯現之中。」

將語言和思想真正置於獨立實在的地步的是語言的精神性（像沙特萊侯爵夫人所說的）。就像伽達默爾所言，語言只有把事物表達出來，也就是說只有當語言是一種表現（在現象學意義上的 mimesis）時，語言才是正確的。因此語詞所處理的絕不是一種直接描摹意義上的模仿式的表現，以至於（像詩人和演員那樣）把聲音或形象模仿出來。相反，語詞是本質或存在（ousia），這種存在就是值得被稱為存在（einai）的東西，它顯然應由語言把它顯現出來。

目前，我們的思考進展到了這樣的程度：語言、邏各斯、思在柏拉圖對話中逐漸表現出本質的獨立性。憑藉這種身分，它們成為溝通、連接人與終極理念的存在性的「間接性」，並作為思想性的自我運動的實在性，成為真理呈現的方式或境域。生命充滿於大地之中，但生命本身是永恆的沉默。一粒種子破土而出，以其頑強茁壯，以其綠葉、花朵和果實，以其在風雨和天空中的搖曳，展示著那偉大的生命，那永恆的沉默著的力量。

倘若把實在本身當作生命，那麼邏各斯就是這生長。

作為邏各斯主語的人，把主體的位置讓位給邏各斯，思想成為自己的主語。「思想」思想。那麼，這種說法意味著什麼呢？

（1）思想的自我同一性，這是思想的最本質特徵。只有思想能夠自我反思和認知，並在對自我的思想中現實地實現與自我的同一；只有在此同一的辯證運動中，思想才能獲得自我，思想才成為思想。

（2）思想與思想的同一，始終都應該是處於開端和起點。思想作為思想的界限產生並規定著自己，在這種產生和規定中，思想只能以自己為開端。在這種自我產生和規定中，自由就是這種自我開端中所包含的東西。

（3）作為真理本身的理念，被假定為自我等同，這種無條件的絕對性為自我同一性所指示，這是理念的最本然的性質。但正是這個假定，使理念與思想發生一種絕無僅有的本然關聯：一方面，思想可能的條件就是所思可能的條件；另一方面，思想本身是理念的開啟。

（4）人的主體位置的讓位是人的主動選擇。人將自己的存在置於思想的存在中，並在此找到回家的感覺，而這並不是人的消失。「在家」的真實含義是恬適、親切、安寧、自然、自在，更恰當地說法是「自由」。只有「在家裡」，在「思」中，在「自由」中，真理之光才能降臨，與終極的聯繫才能發生。人和神都「住」在思中，在「思」中相遇，這種相遇之思，就是「道」、「說」，道出的是真正的、唯一的家園。

需要強調的是，話語的存在所給出（Gewahren）的此在與在的在場、存在，是「內在的」存在，即「自己的」存在。在此，外在超越的東西與內在存在是同一的，而這種辯證法只能是自我超越。這是形上學之誤與哲學之思的根本區別，確定這個區別的，不是海德格，而是尼采，並在其超人學說中得到了經典表達，它的主要含義是，超人是對人的超越和否定，其表現為人的自我超越和否定。

到了現在，關於真理的傳達問題，我們的思路似乎已經進入了正軌。語言、邏各斯、思的獨立自在性完整地表現在一個德語詞彙中，這個詞是 Da-Sein，中間的連字號「-」是必需的，它不僅表示距離、關係和張力，還有期待與呼喚的意思，伴隨著一種音樂般的呼吸的節奏，在 Da-Sein 的呼吸中吸入 Sein，在 Da-Sein 的呼吸中吐出 Dasein。呼吸中人（Dasein）與存在（Sein）一起在場，一起呈現，一起存在。這呼吸即思，即 Da-Sein 著的 Dasein，即人。思以人的本質而存在的含義終於真相大白了。

我們努力在柏拉圖對話中把握到的東西就是語言和思。由此，我們才能回到柏拉圖的辯證法，才能更好地言說它。實際上，我們已經、並一直在言

說它。我們已經看到，柏拉圖一方面困惑於語言、邏各斯（甚至靈魂）的侷限，困惑於對真理的把握與傳達；另一方面，正是同一個柏拉圖，又揭示出語言、邏各斯的真理本質。把關於一個問題的不同的、差異的並且往往是對立的觀點都充分地呈現出來，這是柏拉圖辯證法的重要方面。亞里斯多德說，辯證的藝術直到那時還不具有探究對立的東西是否屬於同一門科學的能力。

現在看來，柏拉圖對話中所蘊涵的辯證法的力量，並沒有被亞里斯多德真正把握。也許亞里斯多德意義上的成熟的辯證方法在蘇格拉底、柏拉圖那裡尚未得到明確規定，但柏拉圖的對話、柏拉圖的思考本身已經充分地表達了這種辯證藝術。思想、邏各斯的自在與獨立性的獲得，其精神性與生命性的存在，從此找到了證據。任歲月流逝，同樣的問題都「在那裡」，永遠「在那裡」，向我們敞開，朝我們壓過來，把我們拖進去，拋進去，「讓」我們思考，不得不思考，自己去思考，自己思考。「我」和「思」實際上成了一個東西。

柏拉圖的思想令我們感到震驚！他不僅給我們思想，而且讓我們思想，並達到我們自己思想。這是柏拉圖的力量？不，應該說是思想自身的力量。正是這種力量，使思想、語言、邏各斯有資格成為人與神之間的仲介，成為理念實在以至於神呈現、現身或居留的唯一的「家園」。這也正是思想的一種本性，以思想、以思為己任的哲學的本性及其神聖的價值得到了確定。

在柏拉圖那裡，思想的力量表現為問答的辯證法，這種辯證法是從「無知」，從「無知的說話人」（docta ignorantia）開始的。蘇格拉底著名的「自知無知」是極其重要的命題，它展示的「思想」是純粹的、虛無般的力量。一般而言，在蘇格拉底那裡，求知之路首先是把人從各種非知識的觀念和意見（Doxa）的雜碎中解脫出來，將它們「懸置」起來，將它們虛無掉，清掃好舞台，這就是「無」知。顯而易見，「無」掉的是「知」的障礙，而不是「知」。那麼，然後呢？

然後，我們看到笛卡爾從蘇格拉底「虛無」的地平線上「呈現」出來：「無」去了這，「無」去了那，還剩什麼呢？什麼也沒剩，除了「思」本身！我們再一次領悟了「思」的力量，這種力量成為真正的主宰者，主宰著存在

與否的命運。這種力量不是巴門尼德的作為「不存在」的「虛無」，而是「存在」的力量，是肯定的「否定」。「自知無知」就是肯定與否定的辯證。那麼，伽達默爾說，在這種否定的「存在」中首先被肯定的就是蘇格拉底的「問題」。

「無知」的後果，是「問題」的「突然」降臨，從天而降。這種突然性表明了「問題」的優先性，強化了「思」的非必然性和自由本性。柏拉圖問答的辯證法的核心，表現在這「問題」中。伽達默爾指出：問題的本質包含問題具有某種意義。但是，意義是指方向的意義（Richtungssinn）。所以，問題的意義就是這樣一種使答覆唯一能夠被給出的方向，假如答覆是有意義的、意味深長的答覆的話；問題使被問的東西轉入某種特定的背景中。問題的出現好像開啟了被問東西的存在。問題的基本質素是開放性。在此開放性中，開啟著問題與答覆的（合理的、有效的、真實的）方向。這個方向是一種意義規定性，而非內容的規定性。假如是後者的話，答的意義也就不存在了，「無知」的意義也就不存在了。「那個認為自己更好地知道一切的人根本不能提出正確的問題。為了能夠提出問題，我們必須要知道，但這也就是說，知道我們並不知道。」

一種存在與呈現的可能性開啟了問題的意義方向，「意義總是某個可能的問題的方向意義」。可能性的開啟，意在使開啟始終保持在肯定與否定的可能性中。由於這種理由，辯證法的進行方式是問與答，是一切透過提問的認識的通道（Durchgang）。提問就是進行開放。被問的東西的開放性在於回答的不固定性（Nicht Festgelegt Sein）。被問的東西必須是懸而未決的。被問的東西必須被帶到「有問題的」的狀態，以至於正與反之間保持均衡，使思想自身能夠破除任何意見的頑固性。這是展現思之創造性力量的氛圍和境域。不過，這種力量的無限性同時意味著，問題的開放性並不是無邊無際的，問題本身總是包含著由問題境域所劃定的某種界限。沒有這種界限的問題是空的。提問既預設了開放性，同時也預設了某種限制（Begrenzung）。這種矛盾，推動了辯證法的向前發展。

柏拉圖辯證法以「問與答」的對話成為範例，它成為了「思」的具體運作和表達方式。憑藉著「思」的偉大的虛無力量，辯證的問答藝術，不僅僅

造成了「助產」（Maieutik）的作用，而且直接參與著事物自身的孕育和誕生。真理在思中湧現，這真理既不是你的也不是我的，她「是這樣遠遠地超出談話夥伴的主觀意見，以致談話的引導者自身也經常是無知的」。我們在這種「虛無」的力量中，分明可以感受到「存在」的力量，「理念」的力量。這正是伽達默爾在《真理與方法》題記中借用里爾克詩句所要表達的含義：

> 如果你只是接住自己拋出的東西，
>
> 這算不上什麼，不過是雕蟲小技；
>
> 只有當你一把接住
>
> 永恆之神
>
> 以精確計算的擺動，以神奇的拱橋形弧線
>
> 朝著你拋來的東西，
>
> 這才算得上一種本領，
>
> 但不是你的本領，而是某個世界的力量。

二、關於思

思具有重要的意義，它確立了哲學關於人與最高實在，人與神之間可能存在的唯一關聯方式，即思的方式；它表現了靈魂與思的問題具有內在一致性，靈魂的實在性就是思的實在性。

思的方式是指確立了哲學關於人與最高實在、人與神之間可能存在的唯一關係方式，它是思的首要意義。哲學之所以永遠保持為哲學而非神學，正是因為這種間接性，也正是由於哲學的不斷思為其所確立，才促進了神學探討的不斷進展。以哲學為起點，我們關心的只是「思中的」神或者「思的」神。柏拉圖理念有神論的一個根本前提就是神祇以「思」的方式，即透過 Nous 來呈現，並且是透過理智直觀的方式。從理念的思想和角度思考終極問題或者說神學的一種形上學的嘗試，就是所謂的「理念有神論」。

其次，透過後面的探討，我們將了解到，靈魂問題與思的問題內在一致，靈魂的實在性也就是思的實在性。思的含義只能是「你自己的」思，認識你自己的偉大含義，就是回到你自己的靈魂中去，回到你自己的思想中去，回到別人無可取代的你自己的回憶中去，神祇在那裡向你呈現，呈現為你的根和生命、靈魂和思想。於是，「認識你自己的最後一個詞與認識上帝的第一個詞不期而遇了」。另外，蘇格拉底的 Daimon 即「靈機」或「精靈」，其真實含義是人內在的獨立的思想能力的表達。「靈機」將人確定地置於自己的思想中，藉此理解和領悟宇宙的最高本原，並在這種理解和領悟中創造人自身的存在與歷史，同時將這種創造表現為最高本原的創造。關鍵是，這種創造是透過獨立的（人的）思來實現的，它不是直接的必然的創造，在這創造之中，思的理解與選擇，亦即思的自由是一個本質的環節，因此「自由」成為理念論研究的基本內容。對此種意義而言，「思」既和善的理念有關，又內在於創造，正是創世之神德穆革（Demiurge）的真諦所在。所以說，思成為了神的部分、成分或者屬性。

三、認識自己

「認識你自己」標誌著希臘哲學進展中所發生的重大變革，標誌著從對自己宇宙的探尋轉向人的探尋，從外在的考察轉向對人自身、對人的內在性的考察。柏拉圖認為，「靈魂」是「認識你自己」的終點，同時也是新的認識旅程的開始，一個更偉大也更艱鉅的開始，因為旅途中所要指向的是「善」。

《卡爾米德篇》是柏拉圖早期對話，它是從疾病治療問題開始進行的對話。在此篇中，蘇格拉底對卡爾米德說，希臘的醫生對許多疾病的治療方法都不清楚，因為他們不知道整體健康，從而忽視了對人的整體的研究。

這種整體性有關於靈魂，因為靈魂中存在著一切善惡。「你必須從治療靈魂開始，靈魂是首要的本質的東西；而治療靈魂可以使用某種符咒，這種符咒是一些美妙的言詞，透過它們將 sōhrosyne 這種美德植入靈魂之中。」

於是對話的主題就是 sōphrosyne 的定義。這個希臘詞的主要意思是指理智健全、自知、節制，一般譯為「節制」、「自制」。經過一番嘗試，克里底亞說道：我同意「認識你自己」這句德爾菲銘文的作者的見解，我可以說自我認識就是自制。我想，這箴言刻在三角楣上，彷彿神在向前來的人致意。不過這不是普通的致意，而是要你有智慧和自制。神就這樣對那些進入神廟的人講話。對每一個進來的人，它真正說的都是「更自制些吧」，像謎語一樣，充滿預言的味道。「認識你自己」就是「要自制」，銘文是這樣說的，我也這樣認為的。

希臘哲學進展中所發生的重大變革的標誌，就是「認識你自己」，它標誌著探尋的對象由自然宇宙轉向人，考察的對象也由外在轉向人自身和人的內在性。儘管這種轉變已經在蘇格拉底之前，就由智者們開始了，但真正具有哲學意義的起點應該歸於蘇格拉底，歸於蘇格拉底對智者的批判，尤其是對他們對於人的理解的批判。這種理解集中表現在普羅達哥拉斯那裡。這位赫拉克利特的遠徒，把流變概念推向悲觀主義和相對主義。在他看來，人不能正確地命名或形容任何事物，事物的本質因人而異，對我而言，事物就是我所感知的那樣，對你而言，就是你所感知的那樣，於是，「人是萬物的尺度，是存在物存在的尺度，也是不存在物不存在的尺度。」既然世界的標準和尺度是以個人及個人的感覺為依據，世界就沒有了尺度；沒有了統一的尺度，真和善本身還有什麼意義呢？

於是，蘇格拉底的首要使命就是尋找真正的標準和尺度。按照蘇格拉底的間接性原則，這個尺度仍然在人那裡，或者說透過人而非自然來尋找。問題集中在對人的理解上，即「你自己」到底是個什麼樣的存在？在智者看來，「人」應該是能夠懂得一切、表達一切、做到一切的知識性、技術性動物。就像西比阿斯，他經常參加奧林匹克運動會，從沒有遇到過對手，蘇格拉底嘲諷地對待這種經驗意義上的具體的知識、技藝和才能。蘇格拉底說：你在大多數技術中肯定是世上出類拔萃的。有一次我聽見你在廣場上吹噓自己，你列舉了你數不清的令人羨慕的才能。你說你有一天會到奧林匹克賽場去，身上的穿戴全是出自你自己之手的傑作。首先，你戴的戒指（你就從這裡說起）是你的作品，因為你會雕鏤戒指。然後是圖章，也是你的作品。還有你

的馬刷和油壺，都是你自己做的。鞋子是你自己做的，披風和內長衣是你自己編的。但是最讓人吃驚，也最能展示你才華的，是你親手編織的內長衣的腰帶，它比波斯腰帶還要華麗。此外，你還帶來了你作的詩歌、史詩、悲劇、酒神讚歌以及各式各樣的散文演講稿。如果我沒記錯的話，在我剛才提到的各種技藝方面，你比其他人都精通，在節奏、音樂調式、語法以及其他許多事上都是如此。還有，差點忘了，記憶術，你自稱在這方面最突出。可能還有很多別的東西，抱歉我記不得了。

論才藝和技術知識，西比阿斯一枝獨秀，然而對於他的無所不知，蘇格拉底自稱一無所知。這些外在的知識正如在上一部分所講，是要被「無知」掉的，它並非真正的知識。

人的本質的問題是知識的問題，具體而言是知識的對象問題。意識活動總是要引向意識的某個外在的對象，知識必然有它自己的對象。譬如，醫學以疾病和康復為對象，建築以造房築壩為對象，數學以數為對象等等。在這種意義上，視覺或聽覺看不到或聽不見視覺或聽覺本身，它們只看見顏色或聽見聲音；願望永遠不是「對願望的願望」，而是對某種目標的願望；愛總是愛某個心愛之人，而非愛「愛」本身。借用胡塞爾的術語，可以說，蘇格拉底執意要把這種外在的對象「懸置」（Epoché）起來。懸置、清除了意識的外在的對象性意味著什麼呢？意味著使意識和知識回到自身。理念的存在就是對「本身」的追尋所暗示的某種絕對性，同時，它隱含了在二十世紀被胡塞爾所揭示出的「現象學」的偉大誕生。

所謂回到認識自身，就是把認識當成認識的對象，不過這種反思性認識只剩下了純粹的認識形式、意識形式，因為它已經「懸置」了所有對象性的具體的內容。嚴格說來，「形式」一詞是不準確的，因為「形式」也是要被「懸置」的。就是說，當認識告別外在的世界回到自身時，對象性就消失無蹤，而純淨的意識就赤裸裸地顯現出來，回到開始。

蘇格拉底認為，「認識你自己」就是回到認識的起點，也就是回到人的世界的起點，回到人的起點。在這層含義中，從智慧的角度，亦即從哲學的角度來看，人的日常經驗存在、人的處世為人的知識才能、各種具體的

科學知識都不重要了。雖然對於現實的人生、現實的世界它們相當重要甚至必不可少，但那不關哲學的事，哲學只關心最重要的事，只關心「本質」（ousia），而這「本質」、「實在」與那個回到了「自己」的人的純粹意識（純粹感覺）聯繫了起來，與作為人的「起點」和「開始」的意識本身，亦即思本身息息相關。哲學正是從這「開始」中開始的。

　　什麼是超越時間變化的萬物的始基？特殊的事物怎樣由萬物始基變成？最後又怎麼變回萬物始基？對此本原問題的探尋，在蘇格拉底之前主要是朝向宇宙自然，以一種外在的直接的方式進行。但不同的哲學家在本原問題上表現出很大的差別。一開始，哲學渴望在經驗自然中直接發現世界的本原和始基。不過，「米利都學派為確定統一的世界本原的性質所作的辛勤努力卻被阿那克西曼德引導到了經驗之外，他設想出一種形上學的解釋概念，即apeiron（無定），並藉此使科學脫離對事實的研究而走向概念的思考」。當愛利亞學派的奠基人色諾芬尼從世界統一的哲學概念出發得出有利於宗教意識的結論時，赫拉克利特則在與晦澀的、帶有宗教色彩的觀念的艱苦鬥爭中，毀滅性地剖析了永恆實體的假定，而只承認流變規律為知識的基本內容。更加顯著的是，愛利亞學派透過其偉大的代表人物巴門尼德創製出存在概念，「他們在堅持此概念時甚至達到不顧一切的強硬程度」。由於赫拉克利特與愛利亞學派之間的對立而引起了形上學的問題，畢達哥拉斯學派希望藉助數學尋求解答，把數看成對本原的表達。

　　這些哲學巨人從各個方面對本原的研究，為柏拉圖的理念思想準備了理想的理論平台。不過，這個平台基本上侷限在對自然的抽象上，尚未與人本身直接相關。而哲學本質上是與人相關的，或者用更嚴謹的說法，是從人開始的。這劃時代的轉變的真正鼻祖是蘇格拉底，他根本扭轉了本原探詢的方向，明確將「認識你自己」作為本原探詢的嶄新的開始。我們說過，這個轉變既可看成哲學的真正起點，又可視為人的真正起點。當透過認識並透過超越認識回到作為認識根源的你自己時，你實際上同時回到了人的起點，人的歷史的起點。這很容易說明，蘇格拉底對「你自己」的理解已經擺脫了人的個體性和智者意義上的相對性，獲得或者說找到了一種關於人的普遍性和絕對性，即你之中的人之為人的本質，我們稱這種本質為「先驗的」

(transzendental, transcendental)。正是這種先驗性賦予你以本質，賦予人的歷史以本質，同時賦予哲學以本質。先驗哲學就是哲學的本質。

「先驗的」方向指導著我們的探究能夠更加深入地「認識你自己」。

笛卡爾開創了哲學上的先驗問題。在其《第一哲學沉思集》中，整個世界的實體之物都是為我們存在的，我們的思和表象成為存在的支點和依據。笛卡爾的懷疑方法是揭示「先驗主體性」的第一個方法，他的「我思」導向對先驗主體性的第一次抽象把握。洛克把目光限制在純粹主體上，笛卡爾先驗純粹的理智變成了人的心靈（human mind）。洛克帶著先驗哲學的興趣透過內在經驗系統地研究這個心靈，企圖闡釋出其中的先驗本質。而在胡塞爾看來，「先驗」之維是這樣開啟的：在對那種「自然觀點」的普遍改造中產生了先驗問題，這種觀點到現在還一直存在於我們的整個日常生活和實證科學中。在這種自然觀點中，世界對我們來說是自明存在的實體的總體，它始終被認為是一種無疑的現存。所以，這個世界是我們的實踐和理論活動的普遍領域。一旦我們的理論興趣放棄了這種自然觀點並且在普遍的目光轉向中朝向意識生活，即在其中世界只是對我們而言，為我們現存的「這個」世界的意識生活，我們便處於一種新的認識境界之中了。正是對意識「意向性」本質和意識反思的自覺，使世界的存在確定性成為問題，並且，雖然我們作為人本身屬於這個世界，但是，「這個世界恰恰是作為被我們意指的世界而唯獨在我們之中獲得了並且能夠獲得其意義和有效性」。

我們了解到了先驗性的起源或者本質。「先驗性」來自「普遍的目光轉向」，或者說來自柏拉圖意義上的「心靈轉向」，並且在這種從自然現存的抽離中把自然現存的意義與有效性根據歸屬於意識主體。不過，至關重要的是，先驗問題所依據的主體性和意識根本不同於心理學所涉及的那種主體性和意識。心理學的課題是作為心靈之物的意識主體性，先驗問題不應回溯到這種意識主體之上。「如果我們使先驗的興趣在理論上占主導地位，而不是自然的、世界的興趣，那麼先驗問題的特徵就存在於整個心理學，就是說先驗學的任何前提都不能為它所附加。」

顯而易見，無條件性和絕對性是先驗哲學的主體所具有的。「先驗的交互主體性是具體的、獨立的、絕對的存在基礎，所有超越之物都是從這裡獲取其存在意義的。」

　　先驗主體作為意義和存在基礎實際上處於形上學或者說哲學的至高層面。作為現象學「剩餘」或者說「反思」的成果，這個主體真正回到了自身，成為「自己」。這是從外在投向和經歷回到自身的主體所完成和實現的，是「A是A」，即「與」自身的同一，即「自我同一」。在海德格看來，這個成果的取得，花費了西方哲學兩千多年的時間。這既不是抽象的同一，也不是一般的反思，而是一種純粹的先驗直觀，在直觀中，人摒棄了自己全部的外在性而成為「自己」，「自己」在「自己」那裡。所謂「自己」，指的就是獨立、自在、絕對、普遍的「意識自身」和「思想自身」。

　　透過以下的探討，我們將了解到，將「自己」置於不朽的、先驗的靈魂之中，就是所謂的「認識自己」，而這意味著「你自己」正置身於純粹先驗的直觀之中，是一「觀念」；「你自己」，開啟於「思」本身。它是歸屬於「思」的。正是在「思」的開啟中，在純粹主體性的本質直觀的「觀念」的直接呈現中，「你自己」被自己規定為一個「自由」，這「自由」的本質規定於「開啟」、「開始」中。「作為哲學家的『人』（或者說作為『哲學的人』），應擺脫一切『現成的』前提，成為一個絕對的自由的創始者，這是先驗現象學賦予『人』的『使命』。」不過，雖然胡塞爾的現象學歸宿從理路和理論淵源上直接相關，但他的先驗的「觀念」、「理念」與柏拉圖的「理念」仍然差別很大。胡塞爾及其「理念」僅僅表現為一個開始，一個偉大的開始，由此開始的哲學之路必然通向柏拉圖，通向柏拉圖的作為世界本原和實在的「理念」。遺憾的是，胡塞爾在起點上就已經止步了。不過，海德格仍繼續著。

　　海德格是從胡塞爾的「開始」開始的，他繼承了胡塞爾現象學的基本觀點。他把現象學的自由的先驗主體性定名為 Dasein，以此取代「意識」、「主體」、「自我」等對於人的傳統表述。「在此」、「此在」、「本在」，就是 Dasein 的意思。

在胡塞爾的現象學純粹主體性中，哲學的先驗本質得到了表達。在此表達中，我們領悟到什麼呢？我們發現，這「先驗性的人」能夠自我關聯、回到自身、自我同一，能夠使自己從必然性的自然鎖鏈或巴門尼德的鐵板一塊中脫穎而出，能夠使自己從無邊的混沌中醒來，開啟一份自己的視野，一份自己的時間，一份可以呼吸和生存（Existenz）的相應的空間，總之，能夠使自己「自由」。而這「能夠」正是「Da」的真實含義。在「Da」中，海德格堅守著師道。不過，學生對於先驗之人的理解比老師明顯多出個「Sein」來。海德格回到希臘，勇往直前的執著於先驗問題。

「思」的自在性在前文中我們已經明確了，但這僅僅是自在性的開始，也僅僅是對「思」的這種規定的開始。當「思」從現存抽身而去時，它要去往哪裡？它應該回到自身。不過，海德格開啟出更深入的含義。他說：「什麼召喚思？」此刻，海德格一上來就將「Sein」拉到面前，包含於、降臨於人之中，人成為「Dasein」。「我們選擇 Dasein 這個名稱，純粹是就其存在來標識這個存在者。」

「對存在的領會本身就是此在的存在的規定」，在這領會中，人的存在是被賦予的使命，人不僅存在，而且不得不存在。「它的本質無非在於，它所包含的存在向來就是它有待去是的那個存在」。

似乎海德格給予了一種確定性，即將「人」確定於「存在」之中，然而，實際情況是，雖然這種態度和趨向是確定性的，卻很難實現，因為在他看來，要明確把握和確定「存在」、「為何」及「如何」不屬於一種確定性的經驗行為。當我們自以為已經爬出「洞穴」而領略到「存在」之光的時候，其實我們往往還在黑暗之中，因為「存在」雖然是光之源，但其本性是「隱」而非「顯」。不過，柏拉圖對之進行了「言說」，這個「言說」的關鍵在於靈魂的轉向。「整個身體不改變方向，眼睛是無法離開黑暗轉向光明的。而整個靈魂也必須轉離變化世界，直至它的『眼睛』能夠面對理念，面對所有理念中最明亮者，即『善』，對嗎？」

可以說，一種現象學的經典嘗試在柏拉圖的「靈魂轉離」中展示出來，它意味著由變化的現象界到靈魂自身的回歸，回到「你自己」，而理念和善的光輝僅僅為「靈魂」，為「轉向的靈魂」，為「你自己」而閃耀。

在《卡爾米德篇》中，已體現了對靈魂和善的關注。雖然看不出這篇早期對話中有進一步的思考，但藉助現象學的思路，我們得以窺視其中包含的關於先驗哲學的基本的洞見和趨向，沿著這個趨向，柏拉圖卓絕的理念思想逐漸且必將呈現出來。這種透過「靈魂」概念進行的呈現，「認識你自己」的一個終點就是「靈魂」，同時也開始了一個新的認識旅程，這是一個更偉大也更艱鉅的開始，因為「善」是旅途所要指向的。

四、關於自己

柏拉圖在《理想國》第十卷，也是整個對話的結尾部分，講述了一個神話。這個神話的內容與選擇有關，涉及的正是自由問題。他用神話表達了對「自由」概念的基本理解。

柏拉圖在《理想國》第十卷，也是整個對話的結尾部分，講述了一個神話，這個神話的內容與選擇有關，涉及的正是自由問題。

在戰場上勇士厄洛斯被殺害了，但他卻在快被火葬時復活了。復活後，他講述了自己在另一個世界所看到的情景。人死後，法官把正義者的靈魂引向一條通向天堂的路，把罪人的靈魂引向一條向下的路，每項罪行都要十倍的代價抵償，每次抵罪持續一百年。當穿越了極其複雜的宇宙之後，厄洛斯一行的靈魂來到命運三女神之一、吟唱著過去的處女拉刻西斯面前。這時，一個神的使者出來安排他們，他從拉刻西斯膝上取下鬮和不同的生活模式，登上神壇宣布：請聽「必然」之女拉刻西斯的神意：「轉瞬即逝的靈魂們，你們包含死亡的另一輪迴的新生即將開始。不是神決定你們的命運，是你們自己選擇自己的命運。誰拈得第一號，誰就第一個挑選自己將來必須度過的生活。每個人將來有多少美德，完全取決於他對美德的重視程度。每個人對自己的選擇負責，與神無關。」而且，「即使是最後一個選擇也沒關係，只

要他的選擇是明智的，他的生活是努力的，他仍然能選到使他滿意的生活。願第一個選擇者審慎，最後一個選擇者不要灰心。」

柏拉圖對「自由」概念的基本理解，在這個神話中表現了出來。表面看來，這似乎與康德對自由的理解不同，但都關乎靈魂的自覺，自覺到在「必然」的命運之中，人有一份自由，一份選擇自己如何生活的自由，即選擇一種「開始」的自由。你可以像奧菲斯那樣選擇天鵝的生活，也可以選擇人的生活；可以選擇惡人的生活，也可以選擇善人或者普通人的生活。赫拉克利特說：「一個人的性格就是他的命運。」這「性格」並非天生的不可逃避的必然，性格應該透過「認識你自己」和靈魂的覺悟來界定和確定，即人的性格包含著自由的本性，或者說，自由「應該是」性格和命運的真正主宰。在希臘傳統的宿命論思想中，一個嶄新的「自由」的層面被柏拉圖以其自我認識與靈魂的自覺所開創出。蘇格拉底之死和理念論與這個層面內在貫通。

柏拉圖說每一個都「對」它自己、「與」它自己「同一」，而沒有說「它們每一個本身都是同一個」。顯然，柏拉圖已經意識到，有一層差別、延異的意思隱含在「同一」中，以此來理解的話，思想與存在的同一就不是一種自然和直接的關係了，在這同一性中有一種「與 -」、「同 -」、「和 -」（mit）的關係，「也就是說有一種仲介、一種關聯、一種綜合：在一個統一性中的統一」。不過為了使這種關係得到充分展開，應該先回到對「存在」的一般的理解中去。

同一律作為一般的或者說最高的思維原則，真正關注的就是「A 是 A」，即它本身與它本身的同一性，也就是 A 作為存在者的存在。同一性作為對存在的規定而歸於存在，這存在也就成了存在者的基礎。在海德格看來，這種對存在的理解是傳統形上學的謬誤，是一種外在性的、表象性思維的結果。那麼思維應該如何擺脫這種謬誤呢？應該像巴門尼德、蘇格拉底、柏拉圖那樣，把思給予存在，或者用更確切的說法，把存在歸於思。對此，海德格用「Dasein」一詞做了更為突出和直接的表達。

人的本質即對存在的呼應，「人本來就是這種呼應的關聯，並且只是這種呼應的關聯」，「在人那裡有一種對存在的歸屬，這種歸屬傾聽著存在，

因為它被轉讓給存在了。」那麼存在呢？存在之為存在並能持續著，也只能是由於呼應著它的人的呼應，因為只有為存在而敞開的人才讓存在作為在場而到來。於是，我們開始對同一性，或者說思想與存在、人與存在的同一有了更深入的領悟，它們真正成為一一對應的，成為「一」。「人和存在相互轉讓，它們相互歸屬。」

而且，對這同一的歸屬應該且必須被理解為「共屬」。「共」（Zusammen）是一種共同的秩序和多樣性中的統一性，是人與存在內在的更高的規定性，這個規定性來自思與存在在自由中的讓渡自身，超越自身，或者說敞開自身，深入自身，回到並呈現自身，在各自的自身中的呼應為「一」；「屬」（Gehoren）是使這讓渡與呼應成為可能的「成為著」，或者說使這讓渡與呼應為「一」者。「共」是從「屬」得到規定的，但它們本是「一」，本是「共屬著」，要緊的是，這種共屬性不可視為對思存同一性最終的、唯一的解釋，任何這樣的解釋都是一種凝滯和滑離，因為標識世界上最活現、最本真的「思」與「在」之最高，亦即最質樸天性的同一性之「共屬」，正是一種時刻不停、生生不息的「相屬活動」，這同一的、唯一的「活動」之中才同時存在著「思」、「在」、「同一」。

這共屬的「活動」到底是從哪裡來的呢？從我們而來，從思而來，從自由而來。

因為，在這共屬的活動中，我們要思到、沉浸到和投宿到，「那就需要我們自行脫離表象性思維的態度。這種自行脫離是一種跳越（Sprung）意義上的跳躍（Satz）。它跳離，也就是說從把人作為理性動物的流行觀念中跳出來；理性動物在現代變成了對其客體而言的主體。這個跳離同時也從存在那裡跳出了」，即跳出視存在為存在者基礎的謬誤。「如果跳離是從基礎（Grund）中跳出來，那麼它跳到什麼地方去呢？

離開了基礎就是深淵（Abgrund）！」

對於思者來說，跳越不但需要思的覺悟，還需要思的勇氣，它首先是一種「選擇」，也是一種「決斷」。我們知道，這正是自由的勇氣。能這樣去思，敢這樣捨棄安逸而投身於無底深淵的只有自由。

我們經「自由」的指引，重新回到《同一律》中的那個問題：「如果跳離是從基礎中跳出來，那麼它跳到什麼地方去呢？」我們知道，這跳不是外在的行為，而是內在的舉動，因為跳到了「思」之中，並在自由的光景中使思與存在相依為命，傾心相屬，從而跳到了世間僅有的一處實在基礎上。「跳往何處？跳到我們已經被允許進入的地方，即對存在的歸屬之中。但是存在本身也歸屬於我們，因為只有在我們這裡存在才能作為存在而成其本質，也即在場。」

縱身跳入「思」，也就是跳進了 Ereignis，跳進了「自在悠動的領域」，跳進了「不是現成的，而只能在一種相互牽引、來回交蕩的緣構態中被發生出來」的「緣發生」中。

至此，「自由」概念在「思想與存在」同一關係中的本質地位為我們所確立，也就是發現了在這種同一性中的仲介地位。而且，根據海德格的理解，這種自由的仲介不是一種確定的現成的東西，而是一種不斷生成的活動和行為，其意義僅僅存在於為未來所擁有的對曾在（Gewesen）的持續的保持，保持為一種生生不息的選擇和創造。自由是一種創造，或者說，是一切創造的本質，但這種本質決定了，對自由的生命和思想來說，不存在一勞永逸的解決，必須永遠處於選擇之中，處於創造之中。這樣真正意義上的人的生命和歷史，才屬於哲學、屬於思或者屬於信仰，否則，你將從這人的存在中隨即滑落，落入永恆的黑暗與虛無的自然，落入浮士德的歸宿。

一旦思與存在的關係為我們所確立，一旦我們把自由置於存在和理念之中，我們也就把存在和理念擺置進了相屬的活動、創造與生成中，這是形上學（以及神學）中極其重大的事件。但我們卻不能說，存在和理念是生成的。

五、知識與意見

在柏拉圖的哲學世界裡，「知識」和「意見」有著很大的區別。首先，知識沒有犯錯的可能性，而意見卻有；其次，意見則與存在和不存在事物的精神有關。

在柏拉圖的哲學世界裡，「知識」和「意見」的區別是很大的。首先，知識沒有犯錯的可能性，而意見卻有，因為知識是與存在事物的精神有關的，沒有了事物就沒有了知識；其次，意見則與存在和不存在事物的精神有關，倘若意見與存在事物有關，它就成了知識，若是與不存在事物的精神有關，又似乎很矛盾——不存在事物是不應該有意見的。在這裡面，的確有些道理，因為事物大都具有特殊性，壞的事物在某些方面是好的；醜的事物在某些方面可能是美的；正義的事情可能變成不正義，這就是矛盾的兩面性——普遍性和特殊性。柏拉圖認為，感覺世界複雜多變，容易朽壞，正因如此，它便既是存在也是非存在的。毋庸質疑，柏拉圖在此參照了赫拉克利特之言，「我同時踏入又不踏入同一條河流；我同時踏入同一條河流又不是同一條河流。」官能世界適合作為意見的對象，即不是知識的對象，屬於知識範疇的只有那些固定常在的靜態世界。洞見絕對的、永恆不變的真理就是哲學家的要義，他們不只是像世人一樣侷限在意見領域，而是有知識的。

柏拉圖的結論是，意見是可感知且多變的官能世界，而知識是屬於感覺的且永恆的世界的內涵。

這樣說似乎是很有道理的，因為我們經常被事物中蘊藏的矛盾多樣性弄得疲憊不堪，設想一下既是好的又是不好的、既美也醜的事物會有許多，因此在那個時代，智者派的普羅達哥拉斯樹起了「人是萬物的尺度」的大旗，但這卻從根本上抹殺了評價標準。柏拉圖首先確立了存在與不存在、真實與非真實的絕對關係，並在上面建立了自己的客觀哲學體系，這是他的偉大貢獻。

六、理念論的責難

哲學家叔本華在一次談話中說：「柏拉圖的理念所犯的最可笑的錯誤是他聲稱所有理念是一次製造出來的，那麼父親和兒子的關係如何解決呢？宇宙間必然同時存在著他們的理念原型，這樣父親和兒子就難以分先後了，兒子甚至比父親存在的時間更長。」

由此，理念論就被創造出來了，邏輯與形上學的雙重含義包含其中。比如，我們說「一隻貓」，很顯然是一個個體的動物，它與其他同類動物不同；而柏拉圖所說的「一隻貓」，首先是有一隻貓的理念原型存在於超感覺世界裡，其次才是在感覺世界中存在著一隻個體的貓，它是理念的貓的衍生物和摹本。「貓」之所以被稱為「貓」，是因為它具有貓的一切屬性，因此「貓」代表的是普遍的性質，而不是具體的貓。當我們提到一件物體，文字衍射的邏輯概念是我們首先想到的，而不是單一的個體。所以對普通人而言，說到「貓」，想到的就是貓的共性，只認識這隻「貓」而不認識那隻「貓」的現象是不會出現的。這種貓的共性（柏拉圖所謂「理念的貓」）是不會因為一隻貓的消亡而消失的，無論是過去、現在還是將來，它都會一直存在，因為它沒有時間和空間的定位。

　　從形上學的角度講，「貓」意味著被宇宙中偉大的原則「至善」驅動下創造出來的理念原型——唯一的、理想的「貓」。個體的「貓」都具有著理念的「貓」的共質，但又有其特殊性在裡面，正是因為這種特殊性在起作用，才有很多個不同的貓（這一點永遠是正確的，儘管現代複製技術已有很大發展，還是無法製造出兩個絕對一樣的生物體）；理念原型是真實的，是知識，而存在於官能世界的特殊的，則是意見。

　　對此，柏拉圖做了深入的解釋，凡是共同享用一個名字的許多事物都共享同一個理念，接著，他以「雲中床」為例，解釋說床雖有千奇百怪的樣子，但理念上的床是唯一的。在官能世界中存在的任何工匠製造的床，都不過是理念的摹本，僅僅是現象而非實在，只有理念的床是由神創造出的唯一存在的床的真理——對於理念和現象，一個相當著名的比喻便是把它們描繪成實物和鏡像的關係。柏拉圖解釋道（關於理念的床的理論是伴隨著他的《國家篇》哲學於治國理論提出來的），對於理念造成的差異，我們只能對繽紛繚亂的現象和意見感到驚訝，然而對於真正的哲學家而言，他的「洞見真理的天性」能使他直接了解事物的理念，而不是被其他的映像和摹本迷惑。「高明的心靈會為世上和一切時代的真實存在吸引，不會因為簡單的人生而駐留。」因此，柏拉圖便描繪了他心目中適合作為衛國者的理性哲學家的形象——年輕能「洞見真理」，高雅、閒適，天生具有和諧質樸的心靈且聰明，

成為將來理想國的支柱。然而，也有許多極大的問題隱藏其中，即柏拉圖所謂的理念的不確定性。首先，我們來看剛才的「貓」例，假設我們承認神所創造的「貓」是唯一的存在，是一切官能世界「貓」的原型，但一旦我們知道得更多一些，就會產生疑惑，照這樣說，「波斯貓」、「泰國貓」、「俄羅斯藍貓」是否各有一個唯一存在的理念原型呢？它們如何與「貓」這個原型區別呢？它們毫無疑問都屬於「貓」這個範疇，但如果細化一下就完全可以看作極不同的類別，相信柏拉圖本人也會承認應該把它們劃分為三種不同的理念原型。當一個小小的個體分享一個理念的時候，必然存在著一個大大的群體共享這個概念的外延，這個大大的群體必然和小小的個體有性質上的相似關係，這樣一來，理念就越變越多，直至無窮無盡，因為亞種或變種（這在科學上也被認為是普遍存在的）存在於任一種類之中，那麼「理念的書冊」厚得就像辭典一樣了。另外，以進化學的角度來看，我們了解到任何生物都不可能永遠不變，按照柏拉圖的理念說便又遇到了問題，如果理念是一成不變的，是被神一次性創造出來的，那必定有一些過去不叫「貓」，而現在被叫做「貓」的東西存在於永恆的宇宙間，它們既然是永恆的，為什麼現在看不見了呢？如果感覺是存在和不存在的，那這問題也可以簡單地敷衍過去，然而，柏拉圖的理念辭典將有更多的「無關」內容被加入。

哲學家叔本華在一次談話中說：「柏拉圖的理念所犯的最可笑錯誤是，他聲稱所有理念是一次製造出來的，那麼父親和兒子的關係如何解決呢？宇宙間必然同時存在著他們的理念原型，這樣父親和兒子就難以分清先後了，兒子甚至可能比父親存在的時間更長。」

相比較而言，對於神創造了一個床之類的話理解起來就更容易些了（歷史知識讓我們明白，床也是經歷了漫長而繁瑣的過程才演變至今的，這同樣存在上述「貓」的進化問題），但創造了三角形和圓形的原型就變得匪夷所思了，因為他至少創造了三條互交的直線和無數個同樣的點——柏拉圖的理念是唯一的，就無法解釋為何在一條直線之外又創造三條直線，一個點之外又創造無數個點（創造一張床，他至少創造了無數根木頭和鐵欄）——如果三角形和床必須被看作一個整體，那必然在許多地方存在著很多相似的理念，作為材料（這是和創造唯一理念不符的），如果是可分割的，那一定不存在

小，只有「絕對小」，這是荒謬的——幸虧這個問題是柏拉圖考慮過的，他認為幾何學是在純理智的範疇之外的，認為它只能研究對象，就這樣輕描淡寫的帶過了。

無論在《國家篇》還是其他的名篇文字中，我們都能明顯的看到柏拉圖一直努力給他的理念論系統化。但任何人一接觸到他的理念學說，都會被它其中關於表象、概念、存在、感性的內容弄得暈頭轉向，甚至最後指向虛無主義（雖然柏拉圖本人是堅決反對虛無主義的，但他的作品卻晦澀得令人懷疑）。他的辯證法是令人沮喪的，因為其中包含著大量的不可知因素和難以表明的稱謂，「好似一本哲羅尼教派的經文」（馬丁路德語）。理念的內容幾乎出現在柏拉圖的每一篇對話中，他似乎把這個概念運動化了，即力圖在各個篇章中勾勒出「理念」在各個認識層次和不同存在範疇中的形態，但這只能使這個概念更加含混，甚至出現了許多前後相異的邏輯錯誤。

在柏拉圖的「理念論」中，如何把「理念」從表象中揭示出來是最困難的，即我們前面說過的「貓」的問題。毋庸置疑，表象的存在使人類能更加清晰明顯的認識，但對於這種認識方法柏拉圖是持蔑視態度的，他認為對官能世界的觀察的作用只能是接受意見，最多只能達到認識層次。

七、知識的純化

柏拉圖的「理念論」更加純化了真正的知識，認為它只存在於一個固定且非表象的世界，它的面貌在我們這個與之並存的世界裡是根本想像不到的，只有透過哲學世界才能獲得知識，獲得到達那裡的資格，這是唯一的方法。

由此，再次提出了一個根本性的問題，假設我們以肯定柏拉圖為前提，認定存在理念世界，並認為真正的知識是屬於理念的範疇，我們就會發現，一切對現世的認知熱情都為我們所杜絕，因為根據理論，理念僅在理念世界運動，只有肉體與靈魂分離才能得到知識，柏拉圖對知識和認識的分解使人們更困難的認識世界——知識只在一個不可得到的世界運轉，只有死亡才是唯一可以去那裡的方法。但就另一方面而言，柏拉圖的「理念論」將更大的虔誠感給予了其追求者，因為將更加純化真正的知識，它只存在於一個固定

且非表象的世界，它的面貌在我們這個與之並存的世界裡是根本想像不到的，只有透過哲學才能獲得智慧，獲得到達那裡的資格，這是唯一的方法。柏拉圖的「理念論」的知識意義比基督教的「救世論」、道教的「出世論」、佛教的「渡世論」，更加重大。

在古希臘時代，「整一」和「無有」的概念被大哲學家巴門尼德及他的弟子們提出，以他們的觀點，唯一真實的存在是「整一」，它與空虛不可得的「無有」相對，然而，針對「整一」和「無有」，赫拉克利特的以弗所學派稱「兩者均是存在」。這樣的二元理論就好似說黑洞與非黑洞，黑洞看似毫無所有，其實也是和天體一樣的物質。柏拉圖無疑是了解二者的，他更統一了畢達哥拉斯學派關於和諧的說法，聲稱「理念世界」是只包含善的、普遍的、美的東西，它被認定為至善和終極目的，同時它必定支配著一個複雜的特殊的摹本世界，並和這些摹本相對應，存在真實的理念原型（理念是否可以產生，柏拉圖並沒有明確說明——而一旦說明，他必將陷入更大的自我矛盾中他只是約略地說「理念世界與複雜多變的世界相互浸染」）。在理念世界中，一切事物皆以美好的數形方式構成——這是繼承了畢達哥拉斯的算學原理。

有個別的東西存在於我們的思維範疇之內，這是與現實中接觸的直接個別的東西相關的，同樣現實中的感性世界也與思維狀態中的理智概括相聯繫，非柏拉圖主義者們把它們當做存在的全部內容，而柏拉圖主義者們則自發地把外在的、感性的世界同心靈中的理念的世界相對立，摒棄現實是他們最大的特點。懷疑派曾對柏拉圖的「理念論」提出質疑——「我只看見桌子、椅子，哪裡看見什麼桌子性和椅子性？」柏拉圖提出了一套只能在思辨形式中「模糊」存在的概念，在現實中難以找出佐證，這是其理念的難點，然而，這卻幫了他大忙，「純理論」使他逃避了明顯的苛責。

對於事物，我們可以進行思維描畫，雖然容易理解簡單意義上的「理念」，但一旦超越思想的範疇便顯得模糊了。突出引起思考的一點就是，理念世界和官能世界的區別和關係是什麼？比如肉體這個東西，很明顯它是屬於生命一類的（至於理念世界裡有無肉體的原型存在，我們就不去考辨它

了），肉體是有實質的，一旦生命被剝奪了，肉體就必定消亡，而肉體也就失去了意義（是否肉體原型也是如此呢），由此可知，必定有決定理念世界和官能世界維繫的關係存在於理念世界中。

很遺憾，柏拉圖似乎沒有考慮到這部分，因為任何一個明眼人經過思考都會發現他創造的世界是與現實沒有絲毫關聯的，我們只知道，透過哲學修煉可以到達那個世界，其餘一無所知。

八、關於相對概念

柏拉圖在《智者篇》中研究了「動」與「靜」的關係，「統一」和「差別」、「有」和「非有」等相對概念，他主張「共性說」，認為「萬物自有始，必有源，不是不可知，而是非為可知」。柏拉圖在《智者篇》中研究了「動」與「靜」的關係。「統一」和「差別」、「有」和「非有」等相對概念，他主張「定性說」，認為「萬物自有始，必有源，不是不可知，而是非為可知」，從而使整個理論轉化到他的共性說上，而智者們持相當含混的態度，他們以實用主義為出發點，正是因為從自我出發而使懷疑主義誕生。至於「一」與「多」、「存在」與「非有」是有著複雜的特定範圍的。柏拉圖以現在哲學上常用的假辯語境，首先力求單一的「存在」模式得以保持，接著將「智者派」的理論推證到不可信的地步。他說道：「一切事物都是存在的，你認為他不存在，便是考慮到理念的摹本，真實的本質即為『存在』和『非有』……由於事物是不同的，相對你是『甲』，則『乙』相對於『丙』便是『甲』……當『差別』相較於『統一』時，它們都屬於一切事物，差別裡必然有著統一的內容，而統一中也自然有差別。」這些在現代辯證學上是易於理解的。

在抽象的共相概括以後，柏拉圖便著手對其進行進一步描述，事實上，這是相當迫切的，因為在前面我們已經了解到柏拉圖的「理念世界」僅是一個抽象的概念，如果僅停留在這一點就是無法站住腳的（事實也確實如此，柏拉圖自己所做的解釋並不出色），因為他實際上正違背了柏拉圖本人所做的「統一中有差別，差別實際上是另一種統一的闡述」。為此，柏拉圖開始論辯說：「感性的東西都是官能世界所有的，是不真實的……同時，有形體的東西，特別是人們感官所能觸及的東西，一定不是真實的存在。」然而柏

拉圖同時否認了關於「理念世界是獨立的」說法，他說：「有一種說法是很有市場的，持這種理念論的人說，所謂實體，實際上是無形體的感性事物，變化的世界理所應當和本質的世界區別開，感性的世界是非固定的，永不停息地變化著的，理念世界則固定靜止，永不變化……我們必須承認真實中存在運動，運動的實體就是靈魂和心靈，如果心靈沒有運動，理念就不可能留存，它也不可能停留在任何地方。」

智者派大都是以個人感受為首要原則的實用主義哲學，其代表就是普羅達哥拉斯所說的「人是萬物的尺度」。他們羅列了一大堆事例，試圖說明智者派的相對原則，即萬物並非獨立存在，如別人品嚐苦的東西，對於你就可能是甜；大的東西相對別的東西可能是小的；多的東西相對更多就是少，任何規定、概念，都不如不規定、不定義。

因此，道德既沒有標準，也沒有尺度，它的束縛也是暫時的，它的制定得依照現實的情況。在古希臘，奉行智者派理論的很多人都被看作是有極高修養的人，他們認為行為準則應該按照自己的目的或信仰來制定，如果符合就是真的，是明確的。

我們在柏拉圖的辯證法裡得知，他駁斥了來自智者派的實用主義哲學和理念論自身的絕對主義哲學的兩方面指責。對於前者，他做得相當成功，然而對於後者卻很不夠。他說，對於每一個東西，一旦認識到他的價值，人們就會產生出想法，所以只有被重視的東西才會有想法，沒有被重視的東西根本不可能有不同的標準——他這是在有目的地區分純粹辯證法和相對辯證法——一般說來，每一個問題都是出現在對立和統一範疇內的，一旦理性在任一思維內存在，它便會將事實分辨開，具體來說，對於一切東西，我們既可以把它看作是「整一」，是一個整體，也可以認為它是「復多」，因為它必然包含了許多特殊而複雜的特徵——然而柏拉圖沒有為他所說的「一件事物在一個觀點下是『整一』，在另一個觀點下是『復多』」作明確的規定，什麼時候兩者才可以轉化呢？我們不得而知，這屬於辯證法本身的一個缺陷，其內部並沒有達到統一。「非有」也是一種存在，而單純的、自身具備統一性的事物必定包含著更多的單一性，這就是「復多」的由來。例如說一個人，

柏拉圖是「整一」，這是指他作為一個獨立的個體而言，而說柏拉圖是「復多」，卻是指他全身的器官、肢體、特質而言。在通常意義上是可以接受上述說法的，但柏拉圖卻參照他的「理念論」——我們已經了解，「理念論」只是粗疏的解決概念分割——於是他覺得既是又不是的現象很難解釋。

有趣的是，顯然清楚自己在理論上有所疏忽的柏拉圖，卻在自我檢討後毫無辦法。在以辯證法聞名的《巴門尼德篇》中，他解釋兩種變化的關係時說：「我不能夠給你更多的暗示，因為更大的原則在規戒著我，使我對此噤聲。只是假若有人願意沿著一個思路去找尋下去，並把這錯誤地當做一項偉大的發現，特別是當他能夠由於思維能夠使心靈遊蕩於任意概念的範疇——但這樣做並沒有固定的成績——他最終不會固定在一個點上。這既不是一件卓越的成就，也毫無困難可言。」

我們可以理解的是，他是在說，一旦了解了概念就不要再變化，不要反覆地推證，以免把自己攪進去。他所提倡的方法是不能令人信服的，因為只是從駁倒一個事物中，立住另一個事物，最後一定一無是處。柏拉圖知道自己的理論終將指向這裡，但他卻對此無所作為。更困難的是，既然意識到甲可能是乙，乙也可能是甲，那麼就連甲乙的稱謂也站不住腳了。柏拉圖徹底困惑在這一點上，他模糊地說：「一切考證在神示以外變得微不足道……某些理念是為其他的一切事物分享的，並且事物也同時得到了他們的名字。相似者之所以相似是因為它們分享了相似性；偉大的事物之所以偉大是因為他們分享了偉大性；正義和美的事物之所以成為正義和美的，是因為他們分享了正義和美。」

這是一個自古代就有名的哲學辯論，類似於愛利亞學派芝諾等人提出的「飛矢不動」（疾飛的箭矢在每一點上都可以看作是固態的，因而它是不動的）和「飛毛腿跑得比烏龜慢」（飛毛腿在跑動的每一點上的速度都為零，因此他無法超越烏龜），這既是一種哲學幼稚病，也是自我詭辯術的成果。一個事物它必然有一個準確的定義，而不能稱之為共性的東西，這就是說，一個東西無論是否轉換地點、稱謂，它都必然是具有一定範疇的屬性。一個事物它所有的稱謂必然是針對它特有的而得到的，而不是柏拉圖所說的共性。

一個事物、現象必然是在一個固定的範疇內考察，一定是實在的一部分，兩者相比必須是在統一的狀態下，否則不可能產生結果。由此可知，柏拉圖並不十分擅長使用哲學語言，也不能深入地解決哲學問題。例如共性的問題，人性、美性之類的詞是我們可以使用的，並說「某某是有人性的」，「某某存在著美性」，但卻不可能說「人性是有人性的」，必須要用個體詞彙向共性靠攏來描述，而不能自然對仗或反之。

九、「存在」與「非有」

柏拉圖認為，「存在」與「非有」是統一的，而在其他事物內部則不是統一的——真實的事物一定存在，但存在的事物也可能「非有」，「有」既然存在於真實本質之內便不同於一般事物，因此在無限多的情況下，「存在」即為「有」的，「非有」的在一定限度內又會變成「存在」。

在希臘哲學史上，堅持「整一」和「靜態」理論的先行者是愛利亞學派，柏拉圖以他們的觀點為基礎，進行了「形上學」地發展，聲稱「『否定的』不存在必定是毫無意識的，所以『否定的非有』也必定存在一切皆是存在的，凡是不能存在的，我們不能認知、不能感覺到。一切存在都必然是真實的理念……一切事物，不論是普遍的或是個別的，都是在不同的方式下存在，也是在不同的方式下不存在」。這否定了智者派的真假說（沒有任何虛假的東西）。

支持詭辯理論的智者派認為，人們辨別問題應以自身為尺度，但否定的意見不能說，因為既然在一方面給予了肯定，其他方面也自然被否定了，這只是個人的想法，而不能代表所有人，你覺得好的，別人可能認為不好，這和「盲人摸象心裡有數」的極端唯我論相似。

在古希臘時代，人們的行為準則有著很大的差別。例如：在雅典婦女只可以在住家裡洗澡而不能在公共場所沐浴，而男子卻可以在任何場所赤裸沐浴；色雷斯人在慶典上可以玩手擊鼓「塔圖」，但希臘的其他地方卻只是罪犯才這樣做；斯巴達的教育方式殘酷而嚴厲，幾乎杜絕一切的文化學習，而愛奧尼亞則相反；婦女出門需要用化妝品和珠寶妝點自己，而男人這樣做就

是恥辱；蠻族人在出征時往往要殺掉俘虜祭祀，並在征伐的過程中大肆殺戮，將首級綑綁在馬身上，裝飾上金銀做成酒器，而在希臘如果有人膽敢這樣做他就會遭到處罰；埃及男人的主要工作之一就是紡紗，而在希臘只有婦女才這樣做。柏拉圖認為，任何行為和事物都無法代表共相的規律，它們都只是表象和理念的摹本。

在《智者篇》裡，柏拉圖反駁了這樣的觀點：「理念，它一定是自在自為的共相，善、正義、美德都是自發存在的……所以不能用這些詞語評論一個人，應該把表象作為自我存在的東西。」這就是說因為宇宙間最高端的存在就是善、正義和美德，所以，單一的個人無法與這些稱呼相配，可以這樣稱呼的只有它們自身。

另外，從單一的經驗和表象上看，一個人做出一件事，我們可以評判對錯，這是從個別的本體考慮問題，但善、真理和理念卻不具特殊性，它們是自在自為的存在，——獨立共相的唯一性是柏拉圖在此有意說明的，即「存在」與「非有」是統一的，而在其他事物內部則不是統一的——真實的事物一定存在，但存在的事物也可能「非有」，「有」既然存在於真實本質之內便不同於一般事物，因此在無限多的情況下，「存在」即為「有」的，「非有」的在一定限度內又會變成「存在」。

柏拉圖的說法是有依據的，譬如說，在微觀科學世界裡，有著無限多的原子，這種大量的物質的「存在」狀態就是「非有」（我們毫無察覺），在人類行為中，將「非有」的事物變成「存在」就是發明創造的過程。在理論的否定成立的條件下，所否定的事物必然與其相對面存在統一關係，這就是柏拉圖辯證法的核心部分，可以解釋為矛盾的辯證統一關係。在柏拉圖的全部哲學中，我們注意到統一的提法總是游移不定的，有時他稱為「固有的實在」（《巴門尼德篇》、《國家篇》），有時又稱「否定非有的本體」（《菲利布篇》、《高爾吉亞篇》），在具體解說上也存在著忽而此忽而彼的缺陷，經常出現在同一篇對話中間。客觀地講，在邏輯次序上的混亂，以理念論及辯證法為最甚。後代的研究家據此認為柏拉圖應該有兩套理論，一套是留給世俗讀者的，向他們灌輸理念及真實存在的內容，而另一套是留給阿卡德米

的學生的。問題在於柏拉圖自己也分不清兩套理論的被施與者，並做了最糟糕的決定——把兩套東西攪到了一起，這帶來的影響很壞，它不但使鑽研的人懵懂不清，而且為柏拉圖主義的傳播製造了障礙。

　　作為局外者，尤其是剛剛接觸哲學的人，大多很難弄懂柏拉圖在作品中所傳達的意思，只有在藉助其他大師的研究後（亞里斯多德、康德等），了解他的整部對話錄的全貌，才能較為清晰地展現出其原型哲學的發展軌跡。一些人終於領悟到，「柏拉圖所創造的形式哲學必須要從形式以外來理解，如果單純用形式哲學本身來理解，唯一的作用就是推翻它。」（叔本華《世界即意志和觀念》）

第二章 柏拉圖與認知論

　　柏拉圖有力地發展了世界可知論，這對自在自為的認知行為是一個極大的鼓勵，從而使之達到了一個明確的高度，他認為知識是可以得到的。這是他為人類文明史做出的最大貢獻。知識是不能夠被有形的物體仿效的。憑藉感覺得到的經驗也不屬於知識的範疇，因為它是可變的，且因人而異。那麼，什麼才是真正的知識呢？真正的知識必須是絕對確實的，必須是固定的、永恆的、不變的絕對存在。只有依靠思維和推理才能獲得真正的知識，這是因為只有依靠心靈的直觀才能認識宇宙中的理念。柏拉圖創立的認知論原則，是繼續了他的理念原型第一的原則——如果可以這樣說的話——在適用於文藝復興時期比十九、二十世紀更有說服力。但如果西方哲學傳統中不存在這樣的典型，那認知工作也就沒有辦法進行了。本章我們將介紹柏拉圖是如何認識世界的。

一、認識的源泉

　　認識來源於哪裡？按照智者派「人是萬物的尺度」，普羅達哥拉斯推出了「知覺是認識的來源」這個論題。柏拉圖與之意見相悖，但他也認為「認識中的一部分是直接從感情世界來的，」他搞不清真理的內容是否完全不是感情所給予的，這成為一直困擾他的難題。

　　關於認識的來源問題，普羅達哥拉斯按照智者派「人是萬物的尺度」推出了「知覺是認識的來源」這個論題。無須質疑，這似乎和剛才的問題差別不大，也是遭柏拉圖反對的，但他也承認感情的獨立性，認為「認識中的一部分是直接從感情世界來的」，這就是說人類對於愛、恨、喜歡、討厭等直覺上的知識是依靠感情的好惡得到的——當然，「感情」是廣義的，這就可能產生誤會，感情中應包含很多因素，即不知所指是否包含在情感狀態中，還是需要情感加以表現，這個主要的難題一直困擾著柏拉圖，他不能確定真理的內容是否完全不是感情所給予的。

其實，以我們今天認識的角度來看，情感作為一種經驗，對於我們每個人而言都是不同的，是經驗化的，當一個事物出現在某一特殊位置時，必定有相關的情感與之對應（這的確來源於本能，也就是近似於柏拉圖所說的「回憶」一樣的過程），並不存在空白。

柏拉圖總是強調一種理性態度，聲稱思想的內容本質是理念，他的全部哲學形成一種共性，即意志可以掌握甚至轉化為理念。例如「心靈、靈魂」（在他的時代，物質和精神的分界並不明顯，柏拉圖等人甚至認為精神也屬於一種特殊的「物質」——只是在可知性上有相似的地方，卻絕不共用一個名字），理念就是具有共性的思維活動產生並掌握的東西。

二、知識和知覺

知識和知覺的界限是什麼？柏拉圖的認知論說，知識是絕對無法從「知覺」中獲得的，真實的知識必須也必然是有關於概念的，「知覺」卻包含著許多個體性和不確定性，因此，知覺不能算是知識。在此後的一千多年裡，人們一直採用他的判定標準，這種方法更成為基督教經院學派關於精神唯我論的主要考據方法。

人們大多認為，知識主要是依靠知覺認識世界所得的經驗而獲得的。可柏拉圖卻不以為然，其認知論核心思想是，從「知覺」中是絕對無法獲得知識的，感官只能帶來欺騙和隱瞞的效果，唯一真實的知識必須也必然是有關概念的。比如「圓的直徑相等」，「漸近線無限接近卻永遠也達不到」等等，是真正的知識，而「雪是白的」，「醋是酸的」，「糖是甜的」，這些卻不能算是知識，因為其中包含著許多個體性和不確定性。

古希臘哲學家巴門尼德的理論使哲學史上的知識和知覺決然分割。他在一首名為《自然的申訴》的韻文中闡述了自己的認知論。他認為感官是「引起混亂和騙人的元素」，是單純性幻覺的最大製造者。

出生於義大利愛利亞的巴門尼德提出了靜態世界觀念。柏拉圖在《巴門尼德篇》中曾經記述過蘇格拉底與巴門尼德、他的弟子芝諾論辯的事（這件事顯然是杜撰的），因此大概可以推測他的時期是在公元前五世紀上半葉。

巴門尼德是色諾芬尼以後愛利亞學派的重要代表人物，他創立了一門形上學的論證形式，這種論證方式綿延廣澤，其廣泛應用於後代的諸多學派的理論述說方式。巴門尼德推說唯一真實存在的東西占有空間，並說它是球型的，不可分割的，它無所不在，無所不包，它完全不是精神、意志、神等精神性的，它被稱為「一整一」，說「一」是無限的，不可分的實在整體。

第一個確立知識、知覺界限的哲學家就是柏拉圖，他的偉大在於他的評判標準，在此後的一千多年裡一直為人們採用，這種方法更成為基督教經院學派關於精神唯我論的主要考據方法。在為「知識」所下定義的《泰阿泰德篇》中（這篇對話充分暴露了柏拉圖在邏輯和行文嚴謹上的缺點，文中出現了多處前後矛盾和難以自圓其說的地方），他提出了幾樣可能的取向，其中最值得「矚目」的是來源於泰阿泰德的一句話——「一個知道了某一件事物的人，必然是知覺了他所知的那一事物，而且現在所能得到的結論就是：知識就是知覺，並不是其他的什麼東西。」

這與普羅達哥拉斯的理論類似，他認為「人是萬物的尺度」，「一件事物對我來說是這個樣子，對你來說又是那個樣子。」柏拉圖在該篇後續部分中描繪了知覺的特性，最後歸結為像知覺這種不確定的東西，不應該屬於知識的範疇（柏拉圖先使自己筆下的蘇格拉底站在智者派一邊支持懷疑理論，當其論調者失卻了理論陣地時，再轉而批駁智者派的理論，提出知識非知覺的論點）。

接著赫拉克利特與普羅達哥拉斯的學說又被柏拉圖相結合。赫拉克利特說，變化就是運動，事物永遠是在鬥爭中存在，進一步推說，一切我們認為實在的事物，無不處於常變的狀態，因此只有從運動和變化中去認識事物才能真正地把握事物本質。柏拉圖的引申意義在於，赫拉克利特的話對於感官世界是重要和正確的，對理念世界——知識的本質卻並非如此。知識所得到的乃是變化的內容，而不屬於實在的東西。至於知覺，它一定是感官與物象發生關係所產生的。按照以弗所學派的理論，任何物象都處於不停的變動之中，我們的感官世界也因世界的變動而發生著改變——正所謂「人不能走下同一條河流；我們走下而又不走下同一條河流，我們同時存在而又不存在」，

所以知覺便也是變動而無常態的。柏拉圖筆下的蘇格拉底接著舉出一個例子來說明這個道理——「在我健康的時候，喝下去的酒覺得很甜，當我生病的時候就變得很酸。」

赫拉克利特出生於小亞細亞以弗所（約公元前五三三年至前四七五年），是激情派哲學家，古希臘以弗所學派的代表。他認為，世界構成的本質是火，火是一切變化的肇始，也是一切物質的基本構成素。他是希臘虛無主義的創始人之一，認為，「沒有什麼東西是存在著的，一切都是變化著的」，「沒有什麼可以固定地存在」。他本人堅持普遍變化的信仰，引申為篤信戰爭，認為戰爭是改革人類社會的最好良藥。極端的赫拉克利特派學者堅持流變學說，即物質不僅是運動的，也是不斷地發生著質變，然而，近代微觀物理學卻十分肯定了這個在古代看似瘋狂的理論，人類得以研究物質最核心的變化尤其要歸功於量子物理的發展，衰變理論的貢獻。

緊接著，關於知覺的不同意見由辯論者們在《泰阿泰德》中提出來了，因為按照普羅達哥拉斯的理論，人們舉出了狒狒和豬的例子。牠們也有知覺，也應該是「萬物的尺度」（在對話中，柏拉圖用一種不可抗辯的語調抨擊了提出該觀點的人，說他蓄意胡鬧，因此關於此點的申辯便被取消了）；另外就是如果說知覺來源於感覺的話，那做夢和發狂時的感覺是否也是知覺，進而引申為知識（「蘇格拉底」的意見是，按照智者派的觀點，如果此類感覺是真實的或其中真實的部分，當然可以稱為「知覺」）；如果人是萬物的尺度適用於任何一個人的話，那麼將沒有人是錯誤的，因為每一個人都將不比眾神更少智慧，聰明人也不比傻子更多智慧（蘇格拉底「聰明」地說，一個人的感官判斷雖然無法斷定真假，卻可以分別出好與壞，實用與非實用；另外蘇格拉底又描繪說，當一個醫生預言病人的病情時，他似乎知道的比感官者本身還要多；當立法者與某些人就國家的前途發生爭端的時候，他似乎就這個問題更有預見性——這就說明某些人的知覺或知識更有用更有好處——羅素在《西方哲學史》中引用到這一段時，不無滑稽地幫助「蘇格拉底」推證出這樣一個結論：「一個有智慧的人比起一個傻瓜來，乃是萬物更好的尺度」）。

但隱憂存在於已經被肯定的說法中，這來自赫拉克利特的變化理論。如果按照以弗所學派的論點，將是非常尷尬的，因為如果感覺到的事物處於不停的變動之中，感到的「這個事物」在下一時刻就不是「這個事物」，我們在認識「這個事物」的時候，也完全失卻了「這個事物」無論知識和知覺都變得毫無意義——「當我們說『知覺就是知識』時，我們也同樣可以說『知覺就是非知識』」。因此，哪怕在最低限度內（起碼是在定義和概念的限度），必須有描述事物的東西是固定不變的，否則就是無可著落的。柏拉圖在對話裡終於找出了「知識即知覺」的癥結所在，這讓懷疑派的智者們感到了恐慌。

然而，柏拉圖的問題並沒有解決，他必須在以下的行文中找出立足的理論依據，於是他發現了巴門尼德的靜態「整一」理論。此時，柏拉圖不再批駁巴門尼德（因為如果他再否定靜態理論，將重新墜入虛無主義的深淵），而是不斷地借蘇格拉底之口稱讚巴門尼德，「甚至幾乎忘記了他曾經為了辯證的緣故承認過赫拉克利特的流變理論」。（《西方哲學史》）

在經歷了幾次邏輯上的轉折後，柏拉圖終於在《泰阿泰德篇》的最後部分推出了「知識不等於知覺」的重要理論。首先，他應用了這樣一個例子：我們透過眼睛和耳朵的作用來獲得知覺，而不是使用眼睛和耳朵獲得知覺——這裡的意思是，知覺指揮器官，辨認顏色和聲音的是意識（頭腦），而不是單純的眼睛和耳朵。在他看來，心靈可以透過它的一些功能思考事物，但其餘的體外部分卻必須用來感知直接的知覺。官能的作用是直接接觸事物並把相關的信號傳遞給意識，但判斷事物的內在差別和對立性質卻仍然只有意識可以勝任（眼睛看到顏色，判斷出顏色的類別卻必須依靠頭腦）。這裡，只有心靈是最接近存在的本質的——如果不能夠接近本質，就無法認知真理。如果不思考，而僅僅依靠單純的官能作用，只可能得到事物的表相，不可能了解事物的本質屬性，也無法獲得知識，所以，真正的知識必須是由意識產生出來，知識來源於意識對本質的認識且「知識不等於知覺」，只有這樣才具有真理性。

同時，柏拉圖透過研究語言的本質和判定聲音的模擬性，指出聲音的效果來源於心靈接納的程度。低級的聲音是奏樂、祭祀的音樂，這樣任何人都

可以聽到欣賞到。但高深的聲音，如語言、甚至繪畫、建築，卻可以在人心靈中引起共鳴，這說明人類的心靈嚮往和諧和節奏感。當這些內容存在於美好事物之中時，就可以進行心靈的良好溝通。

三、獲得知識──回憶

知識是怎樣獲得的？柏拉圖主張靈魂不滅說，並堅信靈魂透過回憶是得到真理的唯一途徑。在《美諾篇》中，他特別強調，「根本沒有任何東西是從學習得來的，學習毋寧說只是我們對靈魂已知的、已具有的知識的一種回憶，而且這種回憶只是當我們的意識處於困惑狀態時才被刺激出來。

在《美諾篇》中，柏拉圖描寫了這樣一個事例：蘇格拉底在辯論時說，「並沒有什麼數學，所有的只是回憶罷了。」他聲稱能證明自己的觀點，便要美諾叫進來一個小奴隸，問他一個關於幾何學中正方形與兩邊比例關係的問題。柏拉圖故意賣弄文字，表現得好像這個孩子「是思索過後，從某處得來回憶一樣」，於是，蘇格拉底便說他的靈魂是知道幾何學的。柏拉圖據此主張靈魂不滅說，並堅信靈魂透過回憶是得到真理的唯一途徑。

在柏拉圖的思想裡，意志、靈魂都是活的、有生命的東西，心靈是靈魂在理念上的主導，是人神交割的源泉，包含著最本質的東西。當人們張大眼睛，想要透過世界察知神祕事物的時候，必須把心靈從內心提升到意識前面來。所以，柏拉圖認為，教育人獲得知識，並不能依靠一般的學習和傳授，因為理念的本質存在於心靈，是植根於靈魂之內的。由此，一個人所能認識的，是從他內心發散出的，是要透過靈魂對前世的回憶完成的。

對於回憶，蘇格拉底派的哲學家們應該是注意到的突出的一點就是，居勒尼的阿里斯提波所提出的「道德是否可以教授」的問題，在同時代的懷疑派智者們那裡，則關心「感覺是否存在，其成分是否可信」。與今天的人提出科學判斷不同，古希臘人研究這個問題是用普通意義闡說，完全把它看作了神祕的精神現象。柏拉圖認為：理想的東西是唯一的客觀真實，是唯一的存在；理想的東西是具有普遍性（共性）的，真理具有理想性，因此它是理

想的，在任何形式上都不可變，它與感性世界相對立，靈魂只存在於理念世界及心靈之中。

「學習」其實只是「回憶」，這是柏拉圖經常在他的作品中反覆的一種說法，在《美諾篇》中，他特別強調，「根本沒有任何東西是從學習中得來的，學習毋寧說只是我們對靈魂已知的、已具有的知識的一種回憶，而且這種回憶只是當我們的意識處於困惑狀態時才被刺激出來。」按照柏拉圖的意思，當我們對外物感到困惑時，便會產生學習的慾望，學習的本質意義並不是掌握一種新知識的途徑，而是回憶藉助的重要手段。

以前的科學家和哲學家採用通感探討如何認識世界，而柏拉圖的認知論充滿了思辨意義，直接深入到探討認識的本質。我們現在都知道，所謂學習，一般是指一種外來的異己思維進入意識的過程，這就像用事物去填充籃筐一樣簡單，同時，學習的內容對於本體意識來講必然是非常態的、新鮮的。另外一對喻體是，靈魂（或者說意識）彷彿一張白紙，而心靈乃是主觀上的畫筆，學習這隻手的作用就是揮舞畫筆書寫內容。感性的意識，包括感性的表象、意見、直接而來的知覺都屬於「意見」的範疇，而抽象的反思（回憶）即學習獲得知識的過程，包括抽象的反思、推論的反思，都囊括在其中。

柏拉圖完全沒有停留在上述兩種比喻完全是一般的內涵之上，他提出了他眼中靈魂意志的本質，他認為心靈即是以其自身為對象的東西，或者說自在自為的存在，至於理念則是自我生成的真實本體。用言語來描述就是這樣，心靈的發展生成是由於善的潛在性使然，它永遠都在運動，自己是自己運動的起點。換句話說，它的運動絕不會脫離自身的軌道，只是對於自身的不斷反覆和循環。

很明顯，柏拉圖所認同的是一種自我清洗和淨化的運動，根本沒有非常的東西，所得到的只是對以往獲得的東西的重複，這來源於一種實現本質或得到本質的自覺，任何人都有這種自覺的意識——對於有的人不曾學習，那也屬於他的意識，只是沒有實現本質罷了。

除此之外，學習的過程在柏拉圖看來是一種假象，正是這種由不滿到滿足的假象激勵了我們去求知。然而更大問題卻存在於這個假象的對立面，如

果我們把這種本質引起的想像當做柏拉圖所謂的動力的話，很可能就出現了二元事物，即自身和意識的並存並立，把很多行動想像成對自身的否定。

這個問題柏拉圖並沒有忽視，但他的解釋卻很牽強。他認為，心靈有一種內在的訊息，它的作用是肯定實在，當心靈發揮這種作用，對所得事物進行揚棄的時候，就能把握住客觀的事物，也就是說，當它在對象中意識到它自身的影像，就可以把握事物的實質。但是只有那些經歷「與神交流的熱愛智慧的人們」，才可能具有這種心靈的高級技能。

表象無法影響事物的本質，它具有外在性、流變性，而本質具有固定性，它根植於事物心靈，是最權威的屬性。

人們總認為回憶是一個把以前某一時段獲得的內容重新在頭腦中取出，或者有些人把它用作發掘自己潛層意義的內容，這無疑是抽象意義上的，大略是說深入自己的腦海找到潛在的東西——其意義正來源於柏拉圖的學習論——對理念的認識不是其他的什麼，只是一種固定的回憶過程，深入自我，找到隱藏在表象下的東西。

潛伏在我們意識之內的是什麼呢？周而復始循環的到底又是什麼呢？柏拉圖說，潛伏在意識裡的材料駁雜無章，「愛智慧的人會形成一種普通的概念對它們加以區別」，就是說，因為熟悉哲學，所以人們會對自己的意識裡的內容進行細化，從而能很快地在記憶中提取內容，善於學習和先驗論的內容在這裡無意的被透露出來。

既然意識本質便是知識，而獲得知識實際上就是回憶的過程，是從意識中揚棄所有的內容並發現意識中本質的影像，那麼任何人所知的內容是否一樣，任何人的意識是否都可以稱為知識呢？按照柏拉圖的概念，答案都是肯定的。意識中從前就存在著知識，就像冰放在容器裡，慢慢化成了水，那麼，普遍的意識和知識就沒什麼區別了。

柏拉圖認為，心靈包括了靈魂，但靈魂不是心靈的全部，他把心靈中潛在的內容排列於時間之前，根據奧菲斯教的定義，他描述了這個事件：人的靈魂是不死的，它的停止運動即為人們所謂的死亡，但它可以再次出現，卻

不能被消亡，所以靈魂不僅不死，而且能夠經常出現；這裡又延伸出「輪迴」的意味——「如果它看到過陽世及陰間的一切，那麼就不會有什麼學習，只是回憶靈魂已經知道的東西和它從前曾經看到的東西，靈魂是自由運動的，我們不可能主動支配它，同時，靈魂也是能思維的，這和我們肉體的思維完全是兩回事。」

四、意識與知識的各種區分

柏拉圖的對話《國家篇》的重要意義，不僅僅在於他在其中構想了一個虛擬的「理想國」，這是一系列烏托邦中最早的一個，而且在於他同時解決了許多問題，諸如藝術觀、理念論之類。在《國家篇》的第六卷中，他對各種意識和知識進行了分類。

柏拉圖在《國家篇》的第六卷中，對各種意志和知識進行了分類。他不僅僅在此篇中構想了一個虛擬的「理想國」，這是一系列烏托邦中最早的一個，而且還同時解決了許多問題，諸如藝術觀、理念論的深化，純哲學理想等等。

知識是理性的，它包含理智的、理念的等多個內容，通常被稱為「理智」的東西包括幾何學、算學等抽象思維和含義空泛卻普遍的真理。第一類知識是「靈魂對任何世上存在事物理念的觀察」，即關於理念的印象，第二類即是靈魂根據理念所提供的依據自發進行的思考，這時候靈魂就是從理念出發，再達到一個非理念的真實客體。在知覺方面（實際上，柏拉圖所說的知覺，大多數時候指的是依靠知覺做出的判定，即知覺判斷），他規劃了知覺的兩個方向，首先是對外部的映像，反映在水中的映像，即光滑、堅實、平坦物體的反光。第二類知覺，即人們所製造的一切物體，包括上述水中映像的實體，以及有生命的物體：動物、植物等等。

在此必須明確指出，柏拉圖所說的知識是以假想為前提，基於他的理念學說為基礎的。舉例來說，一個三角形的知識就是無限冥冥宇宙中存在著的三角形的原型，這只能透過靈魂之眼觀察到。另外的知識則是，靈魂掌握了三角形原型的本質後，自發進行的本體客體研究，這是與現實的人本身無關

的；現實的人所掌握的一切關於三角形的內容，只是理念的映像，是知覺，是與知識無關的。柏拉圖大概沒有意識到，一方面他大力肯定知識，另一方面又把知識同現實嚴格割裂開來（柏拉圖認為只要肉體存在，就必然或多或少地影響靈魂掌握理念，靈魂徹底認識理念世界則必須等到死後與肉體脫離），這實在是令人沮喪的，不能不說又是一個失誤，其直接惡果就是挫傷了人研究世界的積極性。到後來，柏拉圖也意識到這個問題，因此在後來的篇章裡，他仍舊用回憶理論述說幾何學上的問題，即靈魂透過回憶使心靈中存在理念的原型，再透過肉體的行為反射映像，舉例說就是，當你在談論圓形、三角形、正方形等等一切幾何形狀時，必然是在心靈中存在理念的原型，而表現可見的只是它們的摹本，他在談論、描畫的是任意圖形的可知覺部分，而真實的圖形卻永遠不能被感知，這多少減化了一些初始時他談到知識不可由肉體得到的悲哀（因為靈魂可以透過回憶使肉體獲得理念的摹本）。

對柏拉圖有著深入研究的人都想知道，自己從事的工作是感性問題，還是理性問題，這個問題突出集中在一些從事理論研究和抽象思維的人們身上，尤其是一些經常和算學打交道的人，當他們構劃圖形的延伸意義時，似乎並不曾感覺到事先心靈中曾經存在過這些圖形的理念原型。就此問題，柏拉圖解釋道：「人們對自己心靈中的理念原型進行描畫時，或是在水中反射這些映像，他們總想利用一切圖形反映原型……即便是以往未曾見過的圖形，也必然早已存在了，但只有憑藉思想和靈魂的反思——回憶，這有效的形式，才能得以了解。」「在圖形學上，靈魂必須找到原來圖形的假設，但它不能超過假設」，「不過這些衍生的情況是特殊的，它們不可能超越假設單獨存在，因此也是這個理念原型的摹本（特別包括在幾何學中發生的情況），它只是把假設當階梯，最後必然回到理性的終點和無假定的狀態，假設只是暫時狀態，是心靈的自在自為。」這段話絲毫無法說服他人，如果柏拉圖所處的時代只有圓形，而沒有橢圓形，柏拉圖就會說，橢圓只是臨摹圓形的，即使是在理念世界中，橢圓形在心靈中的概念也只是一個圓形的原型的假設過程，最後還是要回到圓形的狀態。

如此一來，柏拉圖就徹底否決了肉體感官掌握世界本質的可能性。他只需要理念存在的純思想運動，並從純思想本身去研究純思想。在這一點上，

柏拉圖極為反對用理念假設想問題（他把事物的發展固定在既成的理念原型上，認為它們都是凝滯不變的），認為從假設（反映在肉體世界中，即為摹本或相似體）出發是背離思想運動一無所成的思維形式。

在深入提到心靈掌握理念時，柏拉圖總結了靈魂的四種性能，依次是行為概念的思維、理智、信仰、表象和圖畫式的感性認識。他把感性認識（知覺）定性為最原始的狀態，是與反思在客觀物質世界的映像相對應的。在此，他再次批駁了智者派關於「人是萬物的尺度」的觀點——如果我們只有感覺，就不可能獲得知識和真理，只有憑藉理念，憑藉靈魂的四種性能，把混亂的感覺歸納成系統的表象和圖畫式的形象思維後，靈魂才能獲得知識。最後，柏拉圖還把心靈的狀態分成四種：理智、理性、想像和信念。前兩者是知識，後兩者是意見。

柏拉圖所說的「一般科學」，包含在思維、普遍原則的規定、基本定理和假設上面，這些假設屬於理念的範疇，而不是感性的，當普遍的共相被靈魂所認識，便進入了科學的本質之中了。最高級的科學是靈魂自發地對理念進行研究創造的過程。在一切研究以後，意識便提高到精神領域並受到共相真理的指引。這時候，「心靈便可以透過善與美的表象，引發感動獲得滿足。而另一方面，思維在追求神聖美好的事物時，靈魂中的映像便形成回憶，永久地留存起來」，靈魂中的理念絕對不會因為死亡和後世的輪迴而變化，其不會與本質相異也不會因共性而妨害個體。沒有差別性的東西是具有無限認知性的，靈魂的自動自覺僅在於回覆到自身之中。

五、認知的悖論

最早關於認知的悖論是由智者派哲學家美諾向蘇格拉底提出的，既然一切都是理念潛藏在靈魂中所得，「為什麼學習創造會變成可能？」這就是著名的認知二難悖論，也稱「理性的二律背反」。

著名的認知二難悖論，也稱「理性的二律背反」（康德語），是最早關於認知的悖論。此理論是由智者派哲學家美諾向蘇格拉底提出的，既然一切都是理念潛藏在靈魂中所得，「為什麼學習創造會變成可能？」蘇格拉底的

解釋是：一個人既不能研究他所知道的東西，也不能研究他所不知道的東西，因為如果他所研究的東西是他已經知道了的，也就沒有研究的必要了；如果他所研究的東西是他所不知道的，他就不能去研究，因為他根本不知道什麼是他所要研究的。這就是說，有所研究的人，心靈中本身就存在著理念的影子，因此促使他們透過研究得到理念，而沒有研究創造的人便是因為他們心中並沒有理念的影子。

　　與此同時，在《美諾篇》中，柏拉圖指出了這個想法的危害，認為「我們不應該理睬這個關於研究的不可能性的詭辯派論證」；另一方面，他也竭力在用回憶說闡述自己的原則，「我們必須去發現，這完全不等同於那些無知的、流於荒廢式的幻想——這也是必須改正的——為此，我們將更深入地了解一切理論認知的本原」。實際上，柏拉圖對「美諾悖論」的反駁並不成功。很多學者，包括亞里斯多德都批駁了這個說法。一般的看法是，這只是在演繹性知識的範圍內有用的，而當脫離了邏輯演繹法以後就無可辯證了。一旦該悖論的前提為非即整體便無法連貫——美諾悖論僅僅由堅持要麼無知要麼完全知道這樣的要求產生的。如果注意到知識也有處於無知和全知之間的中間狀態，悖論也就消失了。但「美諾悖論」絕對是對人們日常思維能力的挑戰，也是對哲學和邏輯學的挑戰。它不僅涉及多主體認知命題，而且包含有多主體系統中互知推理的複雜性，而這經常超出人們日常思維能力的限度。從柏拉圖的時代以來，幾乎所有的本體論都引導我們走到一直沒有解決的「理性的二律背反」那裡去，對現實的研究往往不能解決自身存在的問題。在任何時代，大學者們總想在空間與時間之內，劃定一種可以全能的歸納方法，但這樣便可能造成各種現象之間的矛盾。對於某一個事物，其在單個意義上必定是真實的，是可以明確認知的，但我們不能肯定它是否在任何範疇都具有相似的解釋與意義，即把它放在整個空間和時間考察，特別是超出我們的思維和認知範疇外，概念是否可用——是否可以形成一個統一的目的因——雖然在柏拉圖的時代，我們就可以提出如此深奧的問題，但是時至今日，卻仍然沒有人可以解決它。

六、有限度精神與無限度精神的對照

　　有限度精神與無限度精神是如何區分的？在柏拉圖的眼裡，快樂和智慧都是來源於心靈的活動，「有限度精神」是真理的組成部分，而「無限度精神」不過是「心靈受到肉體活動而引發的波瀾」。

　　在認知論中，我們還要涉及有限度精神與無限度精神的區分問題。柏拉圖在《菲利布篇》中，仔細地論證了我們是怎樣體驗到感覺的快樂的。客觀而言，這是十分困難的，因為既然已經認定了感性和知覺的非存在性，就無法解釋人為什麼會感受到各種興奮的情緒，同時，這些興奮的感覺是怎樣在最開始的時候進入到意識之中的；或者說「快樂」是以什麼樣的內容第一次占據人的意識的呢？

　　柏拉圖認為，人是因為感受到「無限的善」的指引，才第一次感受到了快樂；既然是無限的，參照「理念論」中的說法，無限的便是「非有」，是極端的存在形式，因此是最優美的、最高尚的，必然能夠受到非常的感悟。但這卻仍然沒有解決根本問題，即無限的「非有」是在相對「存在」的理論被確立的，是一種特殊的存在形式，而快樂卻可以直接表現為單純的可感形式，同時它又是不能確定的。按照理念論，感性是一種初步的東西，區別於理念等可以自身規定的東西，因此，柏拉圖就進一步提出了無限、有限對立的思想。這是一個十分重要的理論，就連西方文明史倫理學中的精神論辯法也徹底的被它影響了。

　　以現代人的觀點，追求快樂的精神愉悅已達成了共識，快樂似乎不是一個多麼重要的字眼。人們同時也習慣於把快樂和歡娛認為是極為普遍的東西，在精神領域有更高的內容是甚於快樂的，很多種方式、接觸都可以獲得快樂，意識中最根本的資質也是這種感情。在康德哲學之前，一般的關於精神享受的學說便是亞理士多德和居勒尼學派關於快樂的理論，一些文學作者也曾經研究過快樂和不快樂的感受——其中的一個成果就是悲劇之所以能引發觀者舒適的感受，是憑藉其悲哀的場景。

西塞羅、奧古斯丁、伯納德等一些大哲學家都認為，快樂是一種無限度的感性，是一種不能確立的東西，是個別的、短暫的、無判辨性的，更是形而上的，這被稱為「無限度精神」，那麼，什麼是「有限度精神」呢？即實質的、具體的、有可判辨性的純粹思想。「快樂」、「痛苦」等感受是「無限度的精神」，其是低下的意識形式，而「智慧」則屬於「有限度精神」範疇，是高級的意識活動，或者說「無限度」是多樣化、個性化的意識，「有限度」是純粹的、平和的意識。

　　在柏拉圖眼裡，快樂和智慧都是源於心靈的活動，「有限度精神」是真理的組成部分，而「無限度精神」不過是「心靈受到肉體活動而引發的波瀾」，是抽象的（這樣說就和研究精神法則的哲學家相悖了，在他們那裡，「無限度精神」是具體的，「有限度精神」才是高級的，不可思索的）。「有限度精神」與「無限度精神」是對立的，「無限度精神」過多會損害「有限度精神」的發展（這一點是可以理解的，過度縱慾、滋情歡樂是會妨害理性增長的，而這些都是講求理性的學者們所警戒的），善、美德在人心靈中所占的比重越大，「無限度精神」就會得到控制。除了心靈之外，沒有任何一種因素可以對「無限度精神」進行調節；心靈可以對「有限度精神」進行規定，但「非限度精神」卻是不確定的，雖然可以調節但也是無法限定的。奇怪的是，柏拉圖認為「無限度精神」的衡量方式有如常規的各種物態：冷熱、乾濕、軟硬，反之「有限度精神」是用度量衡量的：長短、多少、大小（斯多葛派則將理智分為「小理智」與「大理智」，這可比於禪教中的「大乘」與「小乘」）。心靈的自由來源於無限度的遏制和有限度的提升，二者間的能量均衡使得心靈產生了自由，同時自由也獲得了存在的空間，靈魂由此便得到等級上升的資本。在心靈中，兩者有機融合且統一的地方產生了一切完美平和的東西，例如：冷熱、健康、乾濕、音樂樂律的和諧、運動頻率等等。

　　智慧是具「有限度精神」的，因為它可以產生自由，並使整個心靈得到昇華，所以它創立了官能世界的尺度、秩序和目的，是所有立法者應當遵從的規定，當然，一切最優秀的東西、精華產品自然來自這個部分。「無限度精神」可以向著「有限度精神」進行跨越，換句話說，這是心靈自我希望改革的前奏。但由於「有限度精神」總是自己建立自己（由於理念的自動自覺

作用，整個精神世界是自發形成的），所以「無限度精神」向「有限度精神」的過度是相當艱難的，因為心靈自由的最終決定力量是有限度的成分。「無限度精神」與「有限度精神」的相互統一，便限定了一個人的主觀性和意志力量（智者心靈中「有限度精神」成分要大大多於「無限度精神」成分，而愚者則正好相反），最能體現一個人「有限度精神」力量的是他抵制權力的能力——它既來自世俗的權力，也來自心靈中「無限度精神」的誘惑。「有限度精神」占主體的心靈（理智的心靈）可以忍受外界對立於自身的力量——這是精神的作用能夠抵禦遠遠高於抵抗能力的矛盾，而肉體卻不能這樣做，一旦單純依靠軟弱的肉體而不是精神參與抵制誘惑和刺激，便會產生毀滅和淪落的後果。所以說，在心靈中可以尋覓一切偉大的因素，它主宰著世界，由最高的心靈產生出了我們周圍的水土火氣四大元素以及一切有生命的美好物質。

在知識與知覺，心靈與肉體的二元論中，柏拉圖和他的追隨者們不斷跳躍，推定出心靈的終極狀態。在這以後的新柏拉圖主義者女哲學家希帕狄亞更進一步提出了心靈的若干層次的假說，這為康德將意識分為若干因素的行為創造了前提。柏拉圖的思想在康德的學說裡得到了許多延伸，諸如意識包含自動的判斷，意識不揭示自身，而只揭示它的對象。

現代的認知科學在基本上延展了柏拉圖的思維，並從很多相反的方向證實了他的觀點，當然，這要除歷史後來證實的無稽成分之外。正如我們通常所認為的——意識的出現是為了考察客體對本體的作用，其也等於我們研究外部的事物。從這個角度講，一切主觀狀態：感覺、感情、願望等是客觀的，即是說這些都是意識的對象；它們是我們意識所揭示的自然秩序的一部分。在我們所能感知的世界中，不只要把意識看作表面可見事物自主活動的一部分，還要把它看成實在的，因為只有假定它的實在性，它才能得到解釋。

人類對意識的再認識的作用是什麼呢？假如我們參照另一套歷史，就能了解物質與其他科學概念相同，只有經過它對感覺產生的影響，才能被我們知道。物質世界是外在的世界，它為我們的感官和心靈所揭示與限制，不一定是真實實在的世界。例如在光的研究上，由粒子說、波動說到最後的波粒

二相性的相對論觀點，我們也可以看到人類對物質的認知怎樣從單純的時間和空間中存在，演變到相互關聯的學問，這說明單純的意識對物質或物質對意識的作用已經不足以支撐認知的體系——任何可能性都是隱藏在未來和現在的否定裡面，「存在」的便不一定是真理。實踐已經表明，透過感官所了解的自然，不一定能揭示實在。但根據柏拉圖時代的已有知識綜合分析，他對於知識的解說大致可以令人感到滿意。

第三章 柏拉圖與靈魂論

　　柏拉圖的靈魂論是基督教和後來西方宗教關於靈魂不死和靈魂昇華的主體學說。由此要想了解基督教的許多理論，尤其為聖本篤教派和方濟各會的清修論斷，必須認真研究柏拉圖的靈魂論。

　　在此，我們對其靈魂論進行扼要的分析。柏拉圖靈魂論，以證實意識不朽為開端。他認為凡複合的事物皆會滅亡，而靈魂非複合性事物，因此不朽。另一方面，凡自身運動由他物引起者不能永存，靈魂是自動的，所以永存。這成為後代天主教典型例證。靈魂可分三個層次：慾望、意志、思想，衡量三者標準為：節制、勇氣、智慧。

　　柏拉圖靈魂不朽論的證明，主要在《斐多篇》和《費德羅篇》中，同時訴諸神話和經驗。

一、靈魂是存在的

　　柏拉圖用兩點證明靈魂存在，其一、辨證法中證明靈魂與肉體做為對立而存在；其二、「靈魂回憶說」提出靈魂生前存在，這樣，人在接受靈魂時才不會感到怪異。

　　靈魂是否真的存在？柏拉圖筆下的蘇格拉底指明了兩個論證點。論證後，「真正的哲學家一直嚮往著死，一直練習死……他們死後會真的得到智慧」和「人死後，靈魂就像一股輕煙，不在任何地方」得到證實。

　　柏拉圖依據的第一點是古代流傳很廣的神化，說明靈魂存在於陰間，人出生靈魂到了陽間。從此循環往復。於是柏拉圖證明了靈魂可以投胎，靈魂存在也因此而證實。在這一段之中，柏拉圖又一次把他的辯證方法用在了靈魂存在的證明上，用以往對立廣泛存在的理論說明，靈魂相對肉體一定存在。他的理論是，凡對立面都是相依相存的，「大」的對立面是「小」，「強」的對立面是「弱」，「醒」的對立面是「睡」，「生」的對立面是「死」等等，而後他闡述道：「在一對的對立面中，必然有相互產生的方式，從一個中產生另一個，反之亦然。」他的意思可以解釋為，冷熱相對，則熱必然是從冷

的溫度上升變來，而冷又是從熱的冷卻變來；醒者是從睡中醒來，其後必定又再睡去。周而復始不斷循環的理論，使柏拉圖認為死和生之間存在循環，生者會死去，那麼死者也必復生。

「靈魂回憶說」是柏拉圖另一個論證的關鍵。他認為，靈魂必然是在人出生前就存在的，因為當我們看到一件事物時便接受了它而不感到怪異，這是由於我們的靈魂中儲存了關於他們的記憶。宇宙間最永恆的法則，善、美、智慧以及所有的理念又必是先靈魂之初就存在了，因而我們的本質感覺就是關於靈魂的所有記憶，同時也從這些靈魂前世看到的回憶中得到結論，人類的靈魂必定是在出生以前就存在的了，由於理念世界的內容儲存在靈魂中，我們感受到理念世界毫不奇怪，這便是這問題的證明了。另外，他嘲笑了周圍的人，因為他們抱著不必要的諸如「人死的時候如果颳起了大風，靈魂就會被吹得無影無蹤」的可笑觀點，因為它是一種本質的沒有混合的東西，所以靈魂也是不會分解的。靈魂獨立存在的時候，它可以感知到理念世界的存在，並從中接收本質的東西，然而一旦它附著於肉體，除非肉體消失，否則就不可能與之分離。被囚困的人觀察世界，是受限制的，他只能看到狹窄的空間，而認知也必然片面而錯誤。如同酒鬼眼中的世界，模糊混亂。

二、靈魂有形

柏拉圖認為，靈魂是不受外物作用的，所以並不具有常規的形態，靈魂的永恆來自自身的運動，只有透過外物作用的事物才會出現停滯，所以靈魂不朽，不會隨著肉體消亡。

《費德羅篇》中，柏拉圖探討研究了靈魂的運動。在此篇中，知識被認為是回憶，是靈魂從前世中儲存於心靈中的。靈魂若不過於依附肉體，也能夠思維。「靈魂曾經依靠前世所得到的知識為回憶成為其近世的指導。」這種理論在中古時代的術士那裡被擴張了。他們把思維夢魘和妖魔聯繫在一起。《會飲篇》中愛情變成了「一種狂熱的精神狀態，」根源於靈魂的相互吸引。巧合的是，同一時代中國宗教也在宣揚靈魂不死。

「知識狂熱情結」也源於此。要了解愛情的基源，就必須首先明了靈魂的性質。它產生了強勁的可以與一切誘惑力量相抗衡的最高力量，並非直觀，不能為感覺所接受。柏拉圖自信地做出了解釋。首先，柏拉圖指出，靈魂是心靈的一部分，自在自為的心靈存在來源於意識必然游移於肉體存在這個本質的原則。靈魂與肉體不同，它不會消亡，不會隕滅，它的永恆來自自身的運動（柏拉圖在暗示，凡是自身運動的東西就是不死的，而凡是由於別的事物的原因運動的就是可朽的），它的推動和周而復始的力量都來自內部——反之，靈魂也不能停止運動，因為這是它自身的原因才形成這樣的局面，也只有外物作用的事物才會出現停滯狀態。這便是柏拉圖得出的「靈魂是運動的」的結論，其簡單得甚至令人吃驚，然而卻收到了巨大的效果。但丁《神曲》中的靈魂顯然基於柏拉圖對靈魂的闡述，「他看到……靈魂不需要牽引，他們自身嚮往著雲中的位置，並且並不曾停止在這個位置上，（而是）隨著星天轉動，這是自身愛的力量。」

而後，靈魂的狀態問題提上了柏拉圖的「行程」。對於通常所謂的靈魂的形狀，他表示出不屑的態度，因為「具有形體的事物都是可變化的，要受外物的作用而運動的，因而他們必是可朽的；然而靈魂卻不是這樣，他不受外物的作用，因而不具有常形，思維也應該是這樣的（東西）。」他好像暗示的便是「思維是無形態的，是不可朽的，不能隨著肉體消亡的，是理念的東西。」但柏拉圖卻似乎未曾如此說，他說靈魂也可以思維，並且像它的運動一樣是自發自覺的，靈魂在某種程度上正是思維本身，這就像是說質量和物體一樣，物體唯一的普遍特徵便是質量，質量在一定概念下就是所有物體（請注意，這一點是尤為重要的，因為這是區別對待柏拉圖靈魂論和基督教靈魂論的一大區別，柏拉圖的靈魂論，是建立在靈魂內部的思維不朽的基礎上，是以純思維為樂趣的運動，而不是後來教士們講述的靈魂不朽的原因是因為行善而得到了救贖）。所以，思維便是靈魂的實質，是靈魂唯一的普遍性質。靈魂是常形的，它可以保存自己，恆動，也不會在其他事物中改變自身。所以靈魂也必然與理念切實相關。

三、靈魂與肉體

靈魂與肉體的二元論是柏拉圖二元論世界的一部分。一個哲學家應該持有的原則是忽略肉體的慾望和歡樂，而把注意力轉移到精神上來。這種理論被後代人領悟為禁慾主義的修行方式，許多哲學家奉行不移，但這種理論也為一些野心之人為達到自我「心靈」快樂而傷害他人提供了依據。

柏拉圖的哲學核心為對立的二元世界，包括：實在與現實、理智與感覺、理念與摹本等。當然，靈魂與肉體也是二元論的一部分。二元論的世界中，無論是在存在還是在美方面，前者永遠大於後者。

蘇格拉度作為二元論的「執行者」，闡述了苦行修身的方式，認為，拋棄肉體就可能達到快樂極致。

「當肉體仍然存在的時候，靈魂就要受邪惡的浸染，心靈就無法得到所追求的最高理想——真理。同時，肉體也需要供養，使得人類疲於奔命，有時候，還會出現生病的情況，這更是妨害我們的大敵。在許多方面，愛情、慾望、恐懼和疲憊滋擾著我們，使我們無法真正凝聚心神，心靈中充斥著暴亂和妄想，集中思考也成了泡影。肉體和肉體滋生的慾望是引起戰爭、政治鬥爭的根本原因，歸根到底一切鬥爭也是為了錢財，這是肉體所逼迫我們做的。因為這些無聊的事，所以我們不能全身心地投入哲學的研究中，特別是當我們稍有時間清理心緒的時候，肉體總是打斷我們的思路。現實告訴我們，想領會真理，就必須擺脫肉體的束縛，單單用靈魂去觀看事物。由此看來，我們只有在死後才能得到我們渴望得到的智慧，這是在肉體存在的時候得不到的……一個人，當他在活著的時候，只有一種方法才能與知識接近，除非他能夠盡量避免與肉體發生關係，不要沾染肉體的氣息，而且要始終保持著自己心靈的清淨，最終神會來解放我們。這樣我們才能擺脫肉體的浸染，保持純潔。」

從上面看我們得知一個哲學家不能為肉體、慾望而生存，而是要把其壓抑到最低極限。愛情、慾望應被拋棄，而重點應強調心靈的昇華和快樂。這裡無疑是在暗示著個人需求與社會良心之間的衝突——柏拉圖承認許多享樂

是好的，是有益於發展的，但應當學會判斷何者是有益的，何者是有害的，並加以適當的自制。三百年後，崇拜柏拉圖的普魯塔克在他的作品中記述了波斯王在戰時撤退只有黑麵包和無花果果腹，並感慨「這真是一種難得的享受」的故事，由此闡發自己對於食物和生活慾望的觀點——他擔心肉食會造成人體消化的過分負累，食用其他食物使身體平衡，這樣靈魂才會昇華，而慾望也在此時保持清醒，這源於粗淡食物的刺激。

後代學者將這個理論闡述成：禁慾主義修行，為知識放棄其他，甚至正常的物質生活。由此可見柏拉圖的哲學對西方文化，甚至日常生活的影響。培根、牛頓、笛卡爾、卡文迪等等都是這樣平日毫無生活察覺又痴迷於研究的狂人，這一定就是受到了柏拉圖的指引而做的。至於享樂，連蘇格拉底、柏拉圖都不曾一概拒絕，他們的觀點是只要不是耽於享樂就可以繼續求得心靈的清寧。柏拉圖的理論中有一條就是，只要不是肉體的快樂，心靈上的快樂都是德行的生活。這顯然是一個缺漏，因為超脫了肉體慾望之外，我們自身還存在著許多心靈的汙濁點，例如權力慾、嫉妒、毀滅欲等等，這都可以帶來快樂。但給他人帶來的痛苦，可能遠遠超出於肉體的慾望帶來的痛苦。這就是說，柏拉圖實際上犯了一個錯誤，他隱示給了一些滿懷野心的人一條道路，這促使他們追求心靈的快樂——因為只要它是與肉體快樂無關的，就是高尚的。這使人想起了聖殿騎士團的舊事。他們大都是一些身著敝舊的窮教士，在占領了耶路撒冷之後，也沒有改變自己清苦的生活，繼續以極大的虔誠侍奉上帝，然而他們的殺戮卻是以浸泡在血池裡為結果——為了享受狂熱虔誠帶來的快樂，他們不惜屠殺婦女和兒童作為求得精神超脫的途徑。彌爾頓《失樂園》中的撒旦說：「心靈是他們自己的天堂，在這片土地上，可以把天堂造成地獄，也可以把地獄造成天堂。」令人何等悲哀！

四、靈魂——馬車

靈魂論，是柏拉圖給我們思想的一個啟迪，在闡明怎樣去超脫靈魂時，他將靈魂比作一架馬車，馬夫需要高超的技藝才能勝任，才能最終使得靈魂駛向理念之路……當每次歷經觀禮歸來，駿馬的羽翼就會更加豐滿，最終化為不朽的神聖精神。

「靈魂馬車」，是思想史上極為有名的神話寓言。柏拉圖用此闡明靈魂性質和談論如何擺脫肉體的束縛。他認為靈魂如同一輛馬車，車夫需要高超的技藝才能勝任。

較之《國家篇》中的洞穴理論，這個想像更容易被人理解。其核心部分為：掌握人類靈魂的御者駕駛著溫順和拙劣兩匹馬。當靈魂充滿著自發向上的運動力，則它必然生出豐滿的羽翼，這時溫順的情愫占據了主動，它帶動整個靈魂升騰到一個極高的境界俯瞰世界；如果駕御失當，讓拙劣占據了主動，則會有墜入泥淖、羽翼折斷的危險。如果不能用真知真覺洞見理念，只依靠意見生存，那麼便會成為腐朽的生命，進行永世的輪迴。

在駕御正確的情況下，靈魂在理念那裡汲取營養，並將思想看作思維和比擬的對象，進而真正的知識便產生了。當每次歷經觀禮歸來，駿馬的羽翼就會更加豐滿，最終化為不朽的神聖精神支持。「溫順」象徵著靈魂自發自覺的思維，而「拙劣」則代表了靈魂中隱藏的劣根性，受肉體慾望的引吸，進而走向物質墮落。

在閱罷「靈魂馬車」之餘，我們會對其產生這樣的問題：靈魂是怎樣和肉體相結合的呢？因為我們從他的理論系統中已經了解，靈魂自肉體存在之前就已經存在了，而靈魂與肉體的結合便是墮落過程中的一步，因為靈魂杜絕官能的一切是它自發的本願，所以必定是他以往的墮落改變了這個過程——任何人類、有靈魂的生物物質，其必定是墮落過的，只能依靠現實中自己的努力去脫離，這便是一個機會，更可怕的是也許是最後的機會，因為它即使死時脫離了肉體的束縛，還可能在輪迴的墮落中滑得更遠。柏拉圖沒有解釋這個問題，但卻在人心中形成了一個概念——生命即墮落（更確切地說人的生命便是墮落），這是相當悲觀的（柏拉圖也許只是想更敏銳地刺激他的追隨者們，使他們意識到「愛智慧」的偉大意義），其結果便是後代的柏拉圖主義者們和基督教徒世界中產生了一大批嗜殺者。這在我們看來十分血腥。三次十字軍戰爭中，他們用血寫下屠殺的數目，認為那是靈魂「解脫」的數目，並將肉體砌成方塔證明自己對靈魂的救贖。而這一切，則是宣揚「殺戮為向上帝贖罪。」

「靈魂馬車」完成「解脫」的使命後，柏拉圖將神和神性生活向我們一一介紹。按照他所說，神必定是不死的，同時也不能依照常性的思維去理解他們，更不能採用常規的表象形式去表現。神所不同於常態的重要一面就在於，他們的肉體和靈魂不是憑藉外力湊合在一起的，而是由靈魂與肉體組合的不朽的生命統一體。最終，柏拉圖將「善」與神相聯繫，他認為神本身是理性、永恆的，他們與善共存，而他們的靈魂和肉體則達到難以想像的境界。

這個理論為以後哲學家爭辯帶來了話題，而且成為有史以來哲學史上爭論最大的地方之一。史賓諾沙、伯納德等人據此認為，柏拉圖意識到上帝的存在，由此在他們的作品中，詳細地表述出上帝、聖靈的神性，而笛卡爾等人卻說，柏拉圖是從根本上對神性採取懷疑的態度，他的描述「不足以表露出神作為特殊的存在的顯著力量」，讓人無法了解柏拉圖話中的神是什麼樣子。黑格爾介於此兩者之間，認為柏拉圖只是在作出一個「偉大的定義」，神的狀態如何柏拉圖並不在意，他意在說明存在生死之物的事物必有限，而最高的存在形式（神），則為靈與肉、理想與現實、主觀與客觀的統一。

柏拉圖描寫了一出靈魂觀看戲劇的事件，為神性生活做了初步展示。靈魂觀看的戲劇是這樣：指導眾神與靈魂前進的主神宙斯乘坐在神靈的有翼馬車上，諸神與女神跟從在他的後面，排列成十一小隊，每一個神靈都適當地扮演他本來的角色，進行莊嚴的神聖的戲劇。靈魂中無形無色的不可理解的本質只有哲學思想才能作為唯一的觀識者（這裡暗示著靈魂的一舉一動必須依靠靈魂自發的思維才能看清），真理和一切關於歷年的知識便是這樣產生的。同時也可以觀察到關於正義、節制和美德。當靈魂觀看戲劇歸來後，靈魂的御者便卸下馬車，把馬安置在馬廄裡，用神聖的藥和酒飼養它們。趁御者不備的時候靈魂的馬匹就有可能接受墮落，並墜傷了翅膀，從而離開天界，不復再看見真理，摔落到大地上，與肉體結合在一起。

失去了翅膀的靈魂不再跟隨眾神的車隊，他變得沉重起來，只在曾經照亮他的光芒那裡，保留了一絲微弱的理性光芒，並把它們所帶來的現實變成為存在心靈中的記憶。靈魂在戲劇中看到一幕幕的真理的演出是不同的，他

們所處的地位和高低也是不同的，在這時，他們已經看見的東西便稱為「回憶」，當看到真、善、美的時候，他們的兩翼便充滿了力量，全身不自覺地發熱，以後每當再看到這樣的關於善的情形的時候，他就會「回憶」起當初所見的情形。「理念」最終解釋為：飄蕩於超然物外的本質世界中，而在靈魂的觀察下變成回憶，進而成為我們理解認識的對象。

神靈的生活並非任何東西都能觀察，唯有靈魂可以從個別中取得普遍意義的東西。這就表現在自在自為的靈魂中一定存在著真、善、美的理念。高尚靈魂不會墜落現世中，只有那些墜落的靈魂才會和肉體結合。這種論點以靈魂先於肉體存在為基礎。

靈魂的進化即為心靈和肉體分離，使心靈不拘於肉體，游離肉體之外，進而拋棄肉體。具有各種感覺器官的肉體是一切罪惡的源泉，人類的靈魂只要一日存在於肉體中，對自身的汙染就不會停止，就不可能感受到真相存在的快樂——唯一的途徑就是要盡快讓靈魂脫離肉體的束縛，使用智慧看到物象的實在。靈魂進化程度是不同的，柏拉圖依據自己的觀念將靈魂化分為九級：第一等是「哲學家，一切愛智慧的人，愛美的人」，「詩神或愛神的膜拜者」，第二等是「守法的統治者，戰士」，第三等是「政客，財閥」，第四等是「祭司」，第五等是「科學家和修辭學家」，第六等是「詩人或靠製造摹本為職業的藝術家」，第七等是「工人和農民」，第八等是「智者」，第九等是「僭主」。

靈魂在柏拉圖看來是實體，可以透過哲學方式去感知、引導、描述，本質目的是為了解脫靈魂，使之擺脫肉體的束縛，使之感受到真、善、美的召喚。柏拉圖的靈魂論成為後來經驗哲學輪迴理論實際意義上的指導性綱領。作為第一個「清教徒」（先於基督教存在），他將畢達哥拉斯、奧菲斯教集結成流傳於東西方的投胎、因果、報應、罪惡、循環等一系列觀念。

五、不死的靈魂

在靈魂不死論中，柏拉圖首先闡述了關於意識不朽的證明。他認為靈魂與永恆不變的「理念」相關，所以靈魂不朽。哲學家不怕死，雖然死亡使靈

魂和肉體分離，但靈魂仍獨立存在，不會消亡，等待另外的時機——靈魂的輪迴。

柏拉圖認為蘇格拉底之所以在臨終前談笑自如，侃侃而談，在於他深信自己靈魂不朽，並且可以達到與宇宙同體的高度。一個即將死去的人道出不死之論的確令人震撼。《斐多篇》也成為歷代人士的感嘆。羅素在《西方哲學史》中讚嘆：「柏拉圖所描寫的面臨死亡的蘇格拉底，無論在古代還是在近代的倫理上都是重要的。《斐多篇》之對於異教徒或自由思想家，就相當於福音書中所描繪的基督受難和上十字架之於基督教徒。」這的確是一篇感人至深的文章，蘇格拉底也成為至今的仍光輝奪目的智慧人格的典型。

哲學家是不怕死的，他們一直孜孜不倦地為死和死後做準備，尋找死亡。所以柏拉圖認為，在蘇格拉底淵博的知識下，必有一顆不死的靈魂，他可以從容面對死亡。接著，他把話題放在了「什麼是死」上面，論述靈魂的二元性：死是靈魂從肉體分離出去，而死的狀態就是肉體與靈魂分開，獨自存在，同時靈魂也從肉體中離開。對於哲學家而言，再沒有什麼比追求真理、知識更重要的事了，但肉體卻是走在這條路上的最大障礙，靈魂一旦和肉體結合就會在思考時受到極大的矇蔽。「所以要想讓思想清楚，就不能有視覺聽覺的干擾，也不能有痛苦愉快的干擾，必須盡可能地擺脫肉體，盡可能地避免與肉體結合與聯繫，獨立地去探求真實……哲學家的靈魂總是十分輕視肉體，總是力求擺脫肉體，盡量使自己獨立存在。」這種思維在後代被擴張成一種典範式的精神，生與死因為追求不同，著落點也就不同起來。近代大哲學家狄德羅在《精神的戲劇與蘇格拉底的遊戲》中說：「對於把肉體的利益放在第一位而生活的人來說，死亡必定是痛苦的，因為它意味著完全的捨棄，而對於那些相信精神追求存在的人們來說，死亡很可能是一件快樂的事，他們僅僅把它看作是行動，任何時間空間都不能否定他們的精神價值，他們不被否定，這就是精神不死的意義。」

「靈魂不死」並非柏拉圖的首創，在古希臘時代就有關於「靈魂不死」之說。在神話裡，靈魂是不會死亡的，他在現實的停止存在就是人們所說的「死亡」，但他不會消亡，只是等待另外出現的時機。在奧菲斯教的教義中，

靈魂是輪迴的──他們可以按照人們在現世的生活方式，分得來世的福祉或遭到永恆的暫時之痛苦。奧菲斯教的目的是要達到「純潔的修行」，實行淨化的教禮，免除在現世的受汙染之苦。按照傳說，由於奧菲斯是被撕成了碎片，所以他們中的最純真的人總是以茹素來忌食肉類（但奧菲斯教的聖餐中是含有肉食的，這象徵著奧菲斯被戴歐尼修斯的狂女們撕碎的故事）。又根據教義，人類的肉體是屬於天和地的，如果一個人足夠純潔，他所占的天的分量就會增加，而地的部分就會減少，最後可以像戴歐尼修斯一樣死而復活。既然有大智的哲學家們不怕死，厭棄在俗世的生活，然而他們卻不能自己尋死，因為這是背離「至善」之道的。在《斐多篇》中，蘇格拉底論述道──玄宗（奧菲斯教義）說，人是這世上的囚徒，除非囚籠被打開，否則是不能自己開門走出去的；人和神的關係就像牛羊和主人的關係，如果不得主人的許可，牛羊是沒有自殺的道理的。一個人能做的便是等待神將自己從囚籠中放出。這樣，他的智慧和善良便升到神那裡。而且神為善人準備的死亡場所比一個惡人的強得多，也比留在世上做囚徒的人強。

六、靈魂可以解脫

柏拉圖認為，靈魂正確的解脫方式就是依靠哲學的力量。靈魂解脫實際上是自我救贖的過程，也只有掙脫了一切物質、情愛上的享受，追求真理才能真實神聖的深入靈魂深處，依靠靈魂的力量去觀察現實世界。

選擇哲學作為自己心靈的寄託，是真正哲學家的行事原則。《斐多篇》中蘇格拉底這樣闡述：當一個哲學家接受「智慧」的時候，哲學就會占據靈魂，而肉慾則被拋棄。在生活中，潛在的哲學會鼓勵靈魂，使靈魂自我認識和解脫，而勸誡自己不用自己的器官，否則只會更為迷惑，因為器官的運用會使靈魂束縛，被外界虛幻欺騙。

柏拉圖認為靈魂可以觀察自己。在使用靈魂觀察外界時，要相信自己和自己的抽象思維存在。這可以設想一下，一個人反覆念著自己，閉上眼睛，如此持續了一段時間，他便必然只以自己為念，彷彿自己看到了自己。這大概和柏拉圖的意思相仿，即透過入靜達到止觀的效果，不要相信任何事物，特別是不要相信被宣稱為使用工具獲知的不真實的訊息和變幻不定的東

西——這些東西依靠感覺就可以理解，而靈魂卻可以看見肉體感覺之外的事物。由此，真正的哲學家便渴望得到解脫，並確信如果一個人被快樂、恐懼、痛苦、失財等纏繞，其結果必然會招致更大的災難——這最大的災難就是靈魂受到極大的刺激，便把虛幻的看作真實的，真實的看作虛幻的，這就是一切墮落的開始。到了這時，每一分感覺就像一根釘子，把靈魂釘在肉體上，使靈魂真正附庸於肉體，以肉體所知為真實。

這樣，靈魂便與肉體同化在一起，養成了同樣的生活習氣，只能在最後浸染汙穢和肉體共同離去，永遠不能以純潔之軀到另一個世界去了。並且他會在這個肉體死亡之後，進入別的肉體而使之墮落，從此越來越惡劣。一個人靈魂的解脫需要那個人想辦法解脫一切情慾的束縛，為求得寧靜，始終不渝地追求理智。這樣就能夠使靈魂從無止的痛苦折磨中解脫。而這一切必須依靠哲學的力量。這樣所看到的，才是真實、神聖、存在著的事物，並將它作為靈魂唯一的食糧，在有生之年這樣生活，死後到達同等的境地，才能永遠脫離人世的苦難。這也是柏拉圖提出的「凡是不鑽研哲學的人，在去世時必將是被浸染的人。」柏拉圖的靈魂觀念並不像其他宗教那樣自視完美至極，而是在哲學道路的引導下，信心備至的走下去，而他宣揚的積極的非出身的自救思想更能夠讓普通人所接受。

這些論證有些人不置可否，他們向蘇格拉底提出了質疑，並舉出琴弦與音樂的例子。這來自於畢達哥拉斯關於靈魂的論證——「人的身體猶如樂器，靈魂則如音樂，一旦琴碎了，音樂還能存在嗎」，言外之意是「堅韌的肉體都不存在了，依附肉體的靈魂難道不會破碎嗎，他不是比肉體更脆弱嗎？」柏拉圖批駁了這種觀點，認為靈魂比肉體堅韌頑強得多。靈魂也不完全等同於一種音樂，他更複雜，更神聖，他屬於另外一種形式，經得起多次誕生，不會在某一次死亡中化為烏有，另外，琴弦與音樂的例子也並不適用於肉體與靈魂的關係，因為音樂在琴弦之前並不存在，而靈魂在肉體之前已經被證明是存在的了。

「靈魂解脫學說」，表明了哲學家擔負著自我救贖的責任，這也是一個哲學家的本質。他應當追尋心靈的指引，把它歸結為一切事物的原因；他必

須自願放棄盡可能多的物質享受，並深入到靈魂深處，依靠靈魂的力量觀察現實世界，這樣他才能切實地「愛智慧」，依靠哲學去拯救自己的靈魂。然而，我們必須正視這個事實，即在柏拉圖讚頌的「在我們這個時代，我所見過的最有智慧最正直最善良的人」──「蘇格拉底」的背後隱藏的是對自我飛昇的極度追求，當人們從其悲壯的就鴆中甦醒過來的時候，就不得不重複這番令人敬畏的關於靈魂的夢想，而且，特別是當我們勇於正視「柏拉圖、蘇格拉底」留給我們的自我解脫的「藥劑」，那麼我們或許將不再覺得它有多麼可怕。我們也許將就此開始了解它的人性確實是它的富有魅力的一面。事實證明，它比任何一個宗教的自我救贖理論都更明確更具有學術意義。我們可能甚至會為柏拉圖感到一絲惋惜，他創造了一條多麼好的指引靈魂昇華的道路，然而他卻還是去自娛自樂地描繪自己的理想國和哲學王位。事實上，柏拉圖的靈魂論遠比他的理想國設想更讓人們著迷，應該說並非每個人都想做哲學王，可能也只是極少數人願意做，但更多人會願意關注自己靈魂的解放。

七、有關第歐根尼‧拉爾修

犬儒學派的第歐根尼‧拉爾修是和柏拉圖同時代的，奉行誇張的克制慾望。他的哲學更多表現在行為上，而不是思想上。不過他的行為在我們今天看來實在滑稽和令人費解。

「犬儒」──生活得像狗一樣。犬儒主義大師第歐根尼是與柏拉圖同時代的，他奉行過分、誇張的節制慾望，而在柏拉圖和亞里多德那裡只是淡化，適當物質需要還是要接受的。

在我們今天看來，第歐根尼是個行為怪癖、言語荒誕的傢伙。他本人居住一個死人用的大甕裡，也有人認為是在桶裡。吃飯時就用托缽去乞討，到富人家對殘羹剩飯極為熱衷，對主人的盛情邀請則白眼相向，拂袖而去。這乃是用最消極的方式去摒棄一切束縛，降低肉體慾望對精神的誘惑。自第歐根尼本人開始，犬儒派就有了公認的行頭──一根野橄欖樹的粗樹枝做手杖，一件半截的破爛長袍，在睡覺的時候可以當做被子，一個裝著殘食的討飯袋和一只取水的杯子（連這後來也被第歐根尼捨棄了，根據普魯塔克的描述，一次他在水邊與一少年共同飲水，少年自掏而飲，他一見之下立刻悟到自己

使用杯子便不是徹底捨棄肉體慾望，隨即拋棄杯子，這就是後來被尼古拉‧普桑繪入畫作的著名典故「第歐根尼棄缽而行」）。我們可以說他是一個「行為主義」的哲學家，思想在於行動。他居無定所。

第歐根尼的犬儒派繼承了蘇格拉底的挖苦和自虐：一次第歐根尼受一個富翁款待，主人告訴他不要在地上吐痰，他便向著他臉上啐了一口，並說這是他發現唯一髒的地方；第歐根尼大白天在雅典的街上打著燈籠找人，「人，你們在哪裡」，有人聚攏，他就用手杖驅趕他們，「我要找的是人，不是渣滓」；他去看望柏拉圖，只是用骯髒的腳踐踏他的地毯，稱踐踏了「柏拉圖的自尊」（柏拉圖回答他：「你是在用另外一種自尊來踐踏」）；他若被人打了，就用他的傷口傳揚打人的惡劣行徑，在傷口處寫上打人者的名字，希望打人者被他人指責。

第四章 柏拉圖與性愛論

「柏拉圖式的戀愛」意指心靈與心靈之間的渴望與思慕，剔除了肉體交流的成分。柏拉圖認為，高貴的愛情是在性愛之上的，愛的本身就該完全抵除骯髒和不協調，在一切不正當的行為中，最甚者莫過於用肉體的慾望壓制愛的心靈。

當柏拉圖述及靈魂之愛時，才終於使我們明白，只有智慧、美德和知識才能使靈魂擺脫肉體的束縛，才是愛情「終極福音書」。

一、柏拉圖性愛概說

在柏拉圖的觀念中，靈魂顯然比肉體聖潔、單純和美，並且更有力量。他認為，只有精神上的戀愛才可能達到真正的不朽、永恆，妊娠的靈魂在這裡邂逅，它是至高至尚的美。這就是柏拉圖極端的理想主義性愛觀的基礎。

柏拉圖生活在遠古的西方希臘，今天看他的傳世作品之一《會飲篇》，我們為他對愛的洞察所具有的眼光而驚嘆。在書中，柏拉圖描述了歷史上最為著名的一次酒會，它集中了當時的思想精英，譬如蘇格拉底、阿伽通、亞里斯多芬等等。在這個酒會的晚上，每個人都輪流講述自己對愛慾的體驗思考，後來這些哲人的觀點便作為人類古代智慧之根影響西方文化幾千年。愛與欲，是對立的統一。古人把這個問題放在哲學的層面討論，從肉體、心靈到生物意識、心理學領域，愛是生命得以更新發展的根本。亞里斯多芬說：「愛神是人類的最好朋友，他援助人類，他替人醫治一種病，醫好了，就可以使人得到最高的幸福。我今天要做的，就是使你們明白愛神的威力。」古希臘的哲人相信，正是愛慾使我們趨向於自我實現，使我們走向人生。

在柏拉圖的觀念中，靈魂顯然比肉體聖潔、單純和美，並且更有力量。愛慾作為一種原始生命動力，它予萬物以生氣和力量。同時，他認為只有精神上的戀愛才可能達到真正的不朽、永恆，妊娠的靈魂在這裡邂逅，它是至高至尚的美。這就是柏拉圖極端的理想主義性愛觀的基礎。

兩千多年前,柏拉圖的愛情理論深入西方文化,同時也不斷接受挑戰和質疑。

第一次世界大戰之後,性問題驟然成為了一個狂熱的話題,許多人談論的不僅僅是愛情和兩性的靈魂邂逅,而是性的重要性。現代西方社會顯然已在道德模式上發生了重大的轉變。在一九六〇、七〇年代,西方性革命達到高峰,這拓展了兩性之間的私人領地,並因此改變了生活的面貌。在今天,許多人越來越看重性技術和做愛的手段,似乎這才是拯救人類心靈焦慮、孤獨和舒緩壓力的靈丹妙藥。但是,人類的生存狀況依然充斥著冷漠、異化、人格貶抑和沒有出路的絕望。愛成為問題,性更成為問題。

理智的人們發現,實際上,對性的理解我們並沒有深入多少,人類也並沒有因為性解放而讓生命燦爛起來。於是,人們又開始了新一輪的索求。它將比以往更深入、更多層、更微妙,也更具想像力。而柏拉圖的性愛論,無疑又一次成為我們打開性愛探索之門的新的起點。

二、柏拉圖的戀愛論

「柏拉圖式的戀愛」這個說法是由文藝復興時期學者巴爾德沙爾‧卡斯諾提創立的成語而來的。它意指心靈與心靈之間的渴望與思慕,剔除了肉體交流的成分。卡斯諾提本人解釋為「順從精神而不是順從情人」。

在性愛方面,柏拉圖是對後代性愛觀念影響最大的希臘思想家。他有多方面的影響,但他對理念世界和現象世界的區分帶來的是最主要的影響,他區分的是愛的理念或本質的世界與我們生活中的凡庸之愛。柏拉圖的性愛理論主要見於他所撰寫的《會飲篇》中,其理論與神話類似。

《會飲篇》是柏拉圖對話中非常重要的一篇。這篇文字廣泛流傳,成為西方很多研究性愛者的圭臬之選。在當代,這篇對話甚至代替了一系列更為精深的著作,成為人們認識柏拉圖的入門之選,其中大部分原因來自「柏拉圖式的戀愛」這個名詞和許多光怪陸離的傳說故事——這自然是宣揚個性自由的現代人所喜歡的。

「柏拉圖式的戀愛」，這個說法是由文藝復興時期學者巴爾德沙爾·卡斯諾提創立的成語而來的。它意指心靈與心靈之間的渴望與思慕，剔除了肉體交流的成分。卡斯諾提本人解釋為「順從精神而不是順從情人」。在近代的文藝作品中，「柏拉圖式的戀愛」被無限地開發出來，據此理論，戀愛不但可以超越性別、年齡、空間、時間的界限，甚至可以在兩個不同的種群世界中發生。自古就盛行不止的同性戀行為是「柏拉圖式的戀愛」在另一個側面的代表。在古希臘時代，男性與男性、女性與女性之間的性愛取向是不被禁止的。古希臘人所謂的教育，通常表達了雙重含義，一方面是指男性雙方結合成以學識、閱歷、見聞為紐帶的師生關係，這種關係是絕對不應以年齡為限制，另一方面，這暗示了一種同性戀關係，即成年的男人向未婚的未成年少年表示愛慕，願意用自己的知識和學識與其進行交換，以博得好感，而通常對方也樂於接受這種求愛，在關係中處於被動和服從的態度——一旦少年人長出鬍鬚或是成家以後，這樣的關係就應該結束了，否則僭越的同性之間的性關係是要被恥笑的。同時，任何騷擾年輕同性的行為在雅典的法律裡都將被視為與強姦的罪名相當，一個向別人求愛的人始終應當在倫理和慾望上保持克制，當然，對方自願的情況除外。

古希臘女同性戀者的極致當屬著名女詩人莎芙。她是古代世界第一位見於史冊的女詩人，甚至被譽贊為「自亙古以來我們的史料中還無法找出一個女性能在詩歌上望其項背」（但丁語），但更多的她是以第一個女同性戀者而聞名。她是公元前七世紀希臘勒斯波斯貴族，喪偶之後，捨棄財產開辦了一所少女學校。她教她們詩歌、音樂和舞蹈，稱呼她們為「我的愛人」，與她們發生戀愛，然而莎芙並不是絕對的同性戀者，她在晚年又重新喜歡上了異性，可最終卻因自戀狂癉而亡。

三、柏拉圖《會飲篇》中的愛情觀

柏拉圖的一切對話作品中，最場景化的當屬《會飲篇》了，此篇的故事性和連貫性極強，記述了大概發生在一場獲得盛譽的戲劇之後，主客縱情對現世的愛情發表自己的觀感。

柏拉圖的一切對話作品中，最場景化的當屬《會飲篇》了，此篇的故事性和連貫性都極強，記述了大概發生在一場獲得盛響的戲劇之後，主客縱情對現世的愛情發表自己的觀感，其中討論部分的東西很為後柏拉圖主義者和許多人文學家所看重，他們認為其中預示著宣揚靈魂自由的開始，柏拉圖之後的基督教神學家是充分知道這一點的——在中古時代桎梏下的歐洲修道院裡，總有道袍掩映下的柏拉圖靈魂之愛的信奉者，由於精通希臘文字，文化黑色中悲哀的亮點也就為他們所成就，現存的文獻證明，篤信柏拉圖的除了聖殿騎士們，還有本篤會的僧侶們，因為受環境的影響，他們成為了歷史上最大的同性戀群體。

在此篇中，一個盛讚愛與美的宴會被柏拉圖虛構出來，主人悲劇作家加爾松、喜劇作家亞里斯多芬、歌者和女祭司鮑薩尼亞、論辯派哲學家斐德羅及蘇格拉底等人參加了宴會。

在宴會的過程中，主人加爾松提議，就以「愛情」為主題，請各位客人發表各自的高見。以下的部分完全是以敘述故事、傳說的形式進行，因此本篇相對柏拉圖其他純哲學的作品讀來更有趣味一些。斐德羅首先發表了一番論辯，實際上他是照搬了赫西俄德的說法。《神譜》中認為，在鴻蒙初分的某一時刻，由混沌中誕生的愛神卡洛斯是宙斯和愛與美之神阿芙羅黛蒂的兒子，是開天闢地以來最古老的神祇，同時也是天地間偉大慾望的化身。卡洛斯的出現，代表著愛情與慾望的統一體，最終化為萬物的本原。毫無疑問，卡洛斯是宇宙間最高的原則——「善」的來源。由此，一貫主持靈魂說的斐德羅總結出——「愛情是人生最主要的理想，與它相比，財富、門第、權力都不過是浮雲腐土罷了。」

然而，具體到愛情的細則，作者常犯的邏輯不清的毛病再次發生在柏拉圖筆下的斐德羅身上，他的論點是「愛情是熱愛善及對不善的事感到羞恥」，然後他又大大地論述了一番道理，「假若沒有羞恥和尊敬，無論城邦和個人都將成就極大的罪惡」，「當一個懦弱的人看見自己的愛人身處危難的時候，他一定會挺身而出，做出連珀琉斯的兒子（指的是大英雄阿基里斯）都難以做到的壯舉」，「呂底亞的軍隊全部由情人和愛人組成，所以他們總是戰無

不勝。」在此，毋庸置疑的是，柏拉圖想將愛情的層次提高，他是想將傳統愛情觀念透過安排斐德羅來列舉出，但這卻是邏輯混亂的——明明想說愛情的細則，實際卻講了愛情的作用。

接著，斐德羅就舉了個例子，這個故事後來被收錄在威斯布著作中：阿爾提卡的丈夫死去了，萬能的阿波羅·福波斯聽到她的禱告便答應她可以另選丈夫的父母去死，但他們斷然拒絕了阿爾提卡的這個請求，不願意代替兒子去死，最後阿爾提卡英勇獻身，願意用自己的生命去替換丈夫，赫拉被這種無上的愛戀精神打動，允諾她和丈夫共用生命，一起生活下去。據此，斐德羅得出結論，宇宙間至高無上的存在體就是愛情，它是神所創製的最高法則，愛情的雙方被它維繫在一起，由此產生了善和愛的意志以及一種新的世界形式，人類的美德和幸福也就隨之而來。

四、天上地上都有愛

加爾松的情婦鮑薩尼亞聲稱，有兩位愛神自天地創始以來就已存在，天上的女愛神象徵著天堂的愛情，地上的愛神象徵著人間的愛情，因而就有兩種不同的愛情出現在人世間。

其次，當眾發言的是加爾松的情婦鮑薩尼亞，她的話比前者更為荒誕。她聲稱有兩位愛神自天地創始以來就已存在，天上的女愛神象徵著天堂的愛情，地上的愛神象徵著人間的愛情，因而就有著兩種不同的愛情出現在人世間。剛開始，一切行為完全沒有美醜的區別，如同人們宴飲、唱歌和談話，至於美醜，必須把它們本身以一定的結合方式才能顯示出來，即所謂美醜，必須要看誰以什麼方式做的。若是美的人做的，或是以高尚的方式相愛的卡洛斯式的愛情才是美的。

據鮑薩尼亞的理論，兩個女愛神的血緣屬性是不同的，這種神話血統論的摹本流傳深遠，關於「天界的女愛神」，她是天神烏拉諾斯的女兒，她是一個年輕又美麗的女人，「陸地的女愛神」是萬神之王宙斯與海洋女神提俄涅的女兒，兩種不同的愛情分別為她們所創造。

陸地女愛神是由宙斯化做年輕的凡人和女神所生，人間的肉體愛慾浸染了她，因此一切男人與女人之間都可存在她的魔力，受神祇的指引，愛情的聲音在經文和雕塑品中傳達著，將說明肉體對凡人而言更重於精神，因而她的受眾，只是具有愚蠢和笨拙心靈的泥土人類，他們拒絕靈魂昇華的愛戀，為了達到滿足的目的拋棄了美醜的辨別。

至於天界的女愛神阿芙羅黛蒂，她完全是天神烏拉諾斯孕育而生的孩子，只有高貴的年輕男子才能被她賜予愛情，他們因愛的滋潤變得強壯而聰穎，並獲得了真正的永生。愛神也同樣把愛情惠顧到未成年的孩子身上，但因為他們的身體和心靈還處在搖擺不定的階段，所以必須由真正的成年男子帶領他們進行「為尚未成熟的身體而營造的鍛鍊」，這既是一種愛也是一種非愛，是完全引導化的，一個成熟而高雅的紳士不應該把愛情給予一個未成年的孩子，無論男女都要達到適當的年齡才能談情說愛。任何一個城邦，如果它禁止同性之間的愛情，表示那裡拒絕了高貴的愛情，是道德水準低的象徵，也代表著城邦法律的低能與統治者的無知。至於在偉大的雅典，這裡的法律體系最為健全，也是贊同同性間的愛情的，人們把追求同性愛情看作城邦賦予的光榮權利，任何一個對同性戀行為進行詆毀的人必將受到全體公民的斥責——只有一種途徑獲取同性間愛戀行為是不道德的，那就是為了金錢和權力的目的。在這時，醫生厄律克馬科用他的從業經驗證實了靈魂與肉體相輔相成，從而造就了對立理論。在他的話中，我們至少知道古希臘的治療裡面包含著關於飲食問題的推證和放血療法，在希波克拉底的同行們那裡，一切辯證的醫學思維來自於冷熱、多寡、乾濕及軟硬的分辨，他們擅長對這些相反因素的觀察，並做出關於診斷的結論。然而下面的，就只是「厄律克馬科」這個角色個人的演化和杜撰了——秩序是卡洛斯所賦予良性世界的特殊能力，因此健康的生物、人便會具有使身體官能和諧的節制力，這無疑是有大好處的。然而宇宙間還存在著另一個卡洛斯的力量化身，他掌握著惡的源泉，一旦由他統治了節侯，將會引發無秩序的騷亂和不幸。因此，卡洛斯就被天神宙斯合為一個整體，一個完整、和諧、節制的巨大能量源，因綜合兩部分的力量而形成，當服務於正義時，便為善的終極目標所指引，使其發揮最大的改造效力，至於人類則彼此相愛，人生的某種幸福也隨之而來。

在鮑薩尼亞的話及厄律克馬科的補充裡，毋庸置疑的是，柏拉圖揭示了自古以來就廣泛存在的靈魂之愛行為的思想根源，即只有在非性愛之上才存在高貴的愛情，美和醜的雙重成分蘊涵在愛的本身，並透過行為使之顯現，性的交往只要雙方的感情高尚，就能使骯髒和不協調的情緒影響完全抵除了。在一切不正當的行為中，最甚者莫過於用肉體的慾望壓制愛的心靈。被肉體的色澤所困惑是愚蠢和可鄙的，肉體相對靈魂而言是可朽壞的，所以基於美色的愛情是轉瞬即逝的，在慾望之火燃燒後肉體的幻滅將更加迅速。而真正的愛情是誕生於不變的靈魂之中，愛上心靈美的人才是愛上了永恆。柏拉圖的意思無非是說，愛情的昇華在於追求靈魂心靈的結合，雖然他並不排斥肉體交往，但卻鄙視完全純肉體交媾獲取愛情，因為肉體的快感是瞬間即逝的，這一點即便是放在肉體本身也是如此，至於那些為金錢、美色、權力而喪失了愛情觀的人，更是等而下之；另一方面，愛情的最高形式雖然追求靈魂之愛，但卻沒有為了心靈的快感而捨棄思考的快感的，因為相對肉體之愛，卡洛斯更願意接受靈魂之愛（柏拉圖在《會飲篇》中特別強調了這一點，當他述及靈魂之愛的時候，很可能是知道「卡洛斯和普賽克」的故事的）。

　　後代的基督教人文思想家伯納德認為，人應該向著上帝之門跨出的重要的一步，即像柏拉圖所說的，擺脫情感世界中游移不定和難以把握的東西，而智慧、美德和知識是使靈魂最終脫離肉體束縛的「終極福音書」，一切「早已在上帝的意志中有所安排」，人們必須「發現他有生以來應該歸附的事」。

　　必須肯定的是，柏拉圖是古代作家中最罕見且特立獨行的一位，在小品式文章中逐漸引申出自己的觀點是他最為擅長的。我們已發現，大量柏拉圖的成分包含在鮑薩尼亞的發言中，其他的對話篇是不曾如此的，這說明柏拉圖在該篇的寫作中有糅雜許多相類似的觀點的嘗試，像《泰阿泰德篇》和《高爾吉亞篇》一樣都是在類比於自己的對話中尋找不同的部分，並盡量使之發揮作用。

五、柏拉圖學說中的陰陽人

從前世界存在三種人，男人、女人和陰陽人……人類的過於強大引起宙斯的恐慌，人類最終被分成兩半。這是柏拉圖為自己的理論杜撰的故事。這種半個人理論為同性戀合理化提供了暗示。

喜劇作家亞里斯多芬緊接著發言，他講述的是神話故事，即《會飲篇》著名的「陰陽人」。可以肯定的是，這個故事是柏拉圖自己杜撰的。亞里斯多芬說，從前世界上有三種人，男人、女人和陰陽人。由太陽孕育出來的是男人，大地孕育出來的是女人，月亮生出來的是陰陽人。在古希臘，人們認為陰與陽的兩個極端就是大地和太陽，月亮是被認作兼有陰陽的雙重性格。所有的人的形體、頭部乃至身軀都是個圓球，生有兩副面孔，兩對眼睛，兩對耳朵，兩個鼻子，兩張嘴，同時身上還長著四隻手、四隻腳，在他們走路的時候可以上下左右搖擺，前後游移，並且能夠調動八隻手腳一齊動彈，所以簡直像蜘蛛一樣行動迅速。人類的過於強大引起了宙斯的恐慌，他與諸位神祇商議，赫懷斯托斯提議將他們截開，宙斯便按照他所說的實行，把人類撕扯成為兩半，並指派日神阿波羅將他們的面孔和剩下的脖子縫合在一起，這樣就形成了轉開的一半，另外旋轉開的皮和肚子接在一起，兩個部分拼合的地方就成了人類現在肚臍。

那被裁開的兩半，因為經常思念對方，總想要再聚合在一起，所以同性戀者就是被截開的男人和女人，而陰陽人被截開後就成了異性戀，並繁衍了下代。由於原來的個體被分開，人與人之間的愛戀也因此常常刻骨銘心。但即使宙斯授權赫懷斯托斯帶著冶煉工具來到他們面前，對他們說：「如果我可以把你們重新結合在一起，使你們緊緊連接不再分開，你們的願望也會實現，不再會像以往那樣接受心靈之火的煎熬，我將把你們重新放進熔爐，鑄煉成聯體的一個人，只要你們維繫在一起，你們便將永世這樣生活下去，活在人間或在地獄裡你們都將像一個人那樣，不會承受這樣的折磨。」

接著，醫生厄律克馬科說了段引用程度相當高的話：「我敢擔保，他們之中沒有一個人會回答一個『不』字，或是表示願望其他的東西，因為這正說出了他們許久以來所渴望的事。」德拉克洛瓦在他的著名藝術論文《畫像

及造型藝術》中論及這樣的場景時引述了這段話，並說：「在我創作的時候，柏拉圖的另一半理論的確是在起作用的，一方面我不知道什麼能夠使我們安適下來，一定有心靈上的另一半在等待我尋找……在加布里埃爾的工作室裡，我有一次強烈地感受到了這樣的另一半，當然我並不是說造型原本就是一半，而是按照柏拉圖的理論，尋找心靈中造型的另一半，尼尼微、巴比倫早期的造像藝術生動地說明了這一點，它們屬於表面化的對仗範圍，由於生活圈子的消極因素，使得我心靈中另一半的思慕強烈地彰顯出來，幾乎可以確定的是，衝動促使我把它表現出來。」

在述及人類意念中的和諧性和規律性時，伏爾泰引用了「陰陽人」的例子。他說：「必有一種事物使我們在任何時候都能找到愉悅，原因在於人本身憎惡分裂和對立，渴望和諧和統一；現在我必須說——不要抗拒與生俱來的本性。」

人性論者，對《會飲篇》中所講述的這個事例，就連柏拉圖的學生亞里斯多德都不以為然，「……如果和諧和統一是赫懷斯托斯對這個事件的最後決定的話，那該如何解釋戰亂和分裂呢？該如何解釋仇殺和紛爭的事實呢？神已給予人類以智慧和秩序，人類拋棄了他們，並創造了自己的行為準則，這稱之為『法律』。」

當然，另一理論也只是延伸了柏拉圖形體理論。毋庸置疑，人格的和諧與靈魂的昇華是他一貫的主張，但這自我完善的過程卻演變成暗示同性戀的合理化，把它上升為人體內在的精神需要，強調愛情的慾望是一種來自本原的追求，而不是外在的強制。

六、善是愛情的本原

加爾松對愛情做了很多描述，他認為卡洛斯還具有另一種意義，即「行使宇宙最高法則——善」，一切天神的奇蹟都應該歸功於愛情的存在。而最終「愛情的共相」由蘇格拉底揭示了出來，愛情不過是一種對善和美的慾望。

柏拉圖在考察了愛慾來自內心時，就確定了另一個話題，即「卡洛斯本身要比他所施與的愛情更可貴」，他借用宴會主人——詩人加爾松的口表達

了出來，此論點已經成為形上學的話題，「探討一切倫理本原的實質」，即為柏拉圖的學生亞里斯多德對它的總結。

鮑薩尼亞的觀點為加爾松所繼承，認定宇宙間最美和最完善的形體是卡洛斯，在諸神中屬他最年輕，因此，愛情總是在年輕人中流行，在老人中疏離。他就像宙斯的女兒亞忒斯一樣最嬌嫩最美麗，他完全超脫於陸地海洋的範疇，不能被人類的意識所察覺，他只能存在於人類的心靈——這裡面卻有個區別，心腸剛硬的人無法覺察他的存在，只有心靈敏感柔弱的人才能對他的行動瞭然。愛神阿芙羅黛蒂為他在人心中最溫柔最甜蜜的地方安排了住所，因為他也是最嬌嫩的。卡洛斯的行為溫柔而隨和，他像一陣風掠過大地，每到春風吹起的時候便捲起無數的鮮花，他曾經愛上了佛洛拉，打敗了西風之子塞西爾，成為花神的丈夫。

對其定義寬泛的當屬亞加爾鬆了。卡洛斯在他的口中，還有另一重意義，即「行使宇宙間最高法則——善」的任務。首先他是一切正義的圭臬，因為他天生是正義女神德墨忒耳的朋友。在一切天神那裡，卡洛斯主持著力的均衡，他代表著自制和和平的力量，他抗衡著暴力神的淫威，是非暴力解決爭端的象徵。當兩個國家交戰、兩個人交惡的時候，化解仇恨的最好方法就是舉行一場婚姻，用愛情抵消矛盾。勇敢堅毅的卡洛斯，甚至使偉大的戰神阿瑞斯也黯然失色，在一切天神舉辦的賽會上，獲得勝利的總是卡洛斯。

在古希臘時代，人們對許多神祇的貢獻都被加爾松說成是因為卡洛斯的指引，例如雅典娜發明紡織，阿波羅發明了箭和醫藥，赫爾墨斯發明字母等。

在加爾松的理論的最高層，即是坦露了一種最高等的神話，他認為一切天神的奇蹟都應該歸功於愛情的存在，是卡洛斯為人間帶來了和平、幸福，把世界從遠古的沉睡狀態解放出來，整個人類社會正在意識到愛情的力量，因而呼喚他、渴望他。在愛情的河流上，美麗正像卵石一樣熠熠放光，善的法則正像存在於河底的沙金般誘人注目。

柏拉圖在認識了愛的單一性質之後，終於把自己的目光漸漸轉移到「共相的限制」這個問題上來。顯然，這個注目並非偶然，他已完成了關於愛的共性前的一切鋪墊，從愛情的單一性的各個方面述及到這個共相的各種內容，

因此現在的迫切任務就是——「一定要找到存在於愛情本質中的最上層事物，發現直到這個神祕核心的培養皿。」在整篇對話中，柏拉圖一直小心地把全部發言集中在一個超現實的體系中，力圖說明在愛情之上起作用的是一種非意識作用的虛無狀態（柏拉圖在《會飲篇》中過分突出愛情的作用，反而出現了邏輯上的矛盾，在神祇位列的次序上無法自圓其說），可以肯定的是，他講述了愛的原則，但有了這個普遍性並不意味著對共相的探索的限制。

於是，蘇格拉底在加爾松的基礎上揭示出「愛的共相」這個深刻的問題——他戲劇化地談到自己在愛情的本體和客體上犯過的錯誤，把愛情和愛情的目標混為一談，這完全忽視了愛情的本質存在。剛才大家所講的，尤其是加爾松的發言，視宇宙間至高至上的威力之源為愛情這個神祇，這是不正確的，因為愛情不能成為對善的描述，它只不過是一種對善和美的慾望。

七、愛情有共相

卡洛斯是愛與美之神阿芙羅黛蒂的兒子。但他的父親卻是一個貧乏、愚蠢的傢伙，所以他天生處於兩個極端之間……柏拉圖依據這個神話，講述他的愛情觀。

卡洛斯降生的傳說充滿了杜撰色彩。蘇格拉底描述他從阿芙羅黛蒂神廟的先知狄奧瑪修口中得知。當愛與美之神阿芙羅黛蒂出生時，豐富之神和貧乏之神都來到她身邊。但豐富之神因喝了酒而錯失機會，於是後者便在此時使阿芙羅黛蒂受孕。赫爾墨斯為這個孩子做預言道，他天生貧乏卻又充滿追求欲，渴望得到最高的智慧，與真理相伴。新生的卡洛斯就在這個預言下成長了。

柏拉圖用卡洛斯本身處於美醜和善惡的中間狀態引證智慧的最高狀態，並稱之為「意見」。柏拉圖把「意見」歸納為知識之外，它不能說明真理，不能接觸到理念世界的本質，因此只存在於官能世界中。理念世界和官能世界是分屬神和人的兩個世界，所以卡洛斯既然是愛情這個意見的本體，他就不能存在於理念世界中，但他又具備一種非常態的靈性，這也是官能世界所不能具有的，因此卡洛斯是一種精靈，他同時存在於兩個範疇，他具有豐富

與貧窮兩個方面，是有限和不完美的，但也保留了善和完美的痕跡。最終柏拉圖將「愛情」引申到概念上。愛情的過程是隱晦與明晰相互轉移的過程，源於愛情雙方對現有關係的不滿足，使關係更進一步。由此可見，愛情必定不是明確的。

卡洛斯是幫助雅典娜審視人間的天才。他是各種流變狀態的極致，人神、美醜、善惡，都在他那裡得到不同程度的釋放。他隨身帶著一個瓷瓶，那裡面裝滿了智慧的瓊漿，但他有時吝嗇小氣，有時又慷慨無比，他身上的珍寶沒有一樣是屬於他的，因此他稱不上富有，也算不得貧窮。他擁有智慧（屬於理念世界便擁有認識理念世界的能力——「智慧」），輸送知識。他是美神的兒子，他熱愛自己的母親，而智慧是一切事物中最美的東西。他父親貧困、愚蠢，母親卻富有智慧，所以他天生處於兩個極點之間。他的生命必然充滿追求，以智慧為伍，認為智慧是他的生命。

卡洛斯代表了像「蘇格拉底的無知」那樣追求智慧的內在力量，追求真理的激情。他成為一個抽象的概念，處於常態與可描述形態之間。而非其他神那樣的供人祭拜。柏拉圖認為，這種力量包含了情感、慾望、意志和感覺，這也是柏拉圖對愛情元素的定義，愛情促使人產生一種追求幸福的慾望。當然，除非官能世界中存在著心靈另一半的摹本，否則，這種慾望就成為了無處宣泄的死物。柏拉圖將愛情與理念相聯繫，讓後人感嘆他為證明自己的理念盡心盡力。

在柏拉圖的眼中，人類異性交媾而誕生的生命，是沒有愛情的，是退化到官能世界了的。真正的愛情，必須擁有理念的支持，它統一了三者的力量，包括智慧、慾望、情感。

八、精神也有生殖力

柏拉圖認為生殖力包括兩類，其一為心靈生殖，其二為肉體生殖，他認為只有心靈受孕，使心靈受到美的吸引，產生愛情的慾望，才能產生不朽之物。而肉體生殖則並非不朽，不過是一種重複輪迴的低級過程。

肉體生殖力一般人都會理解，心靈的生殖力在何處呢？柏拉圖這樣論說道：「一切人都有生殖力，具體說是具有肉體和心靈兩種生殖力。前者只會產生官能世界的可朽的物體，到了一定的年齡，人的本性中就會產生一種迫不及待的慾望，要進行生殖。透過心靈對另一半的尋找，從而進行交媾和受孕。受孕和生殖是一件神聖的事情，使可朽的人類具有不可朽的性質……但心靈的生殖力卻是另外一回事了，世間有些人在心靈方面比在身體方面更富於生殖力，擅長於孕育心靈所特宜孕育的東西。這是什麼呢？它就是思想智慧和其他心靈的美好事物，一切詩人和各種技藝的發明人物都屬於這樣的心靈生殖者。」這顯然有悖於常人理解，而愛情在此，讓常人看來也早已煙消雲散了。我們可以將柏拉圖心靈生殖力理解為人的創造力，將心中的「理念」現實化的能力。

　　肉體的生殖在心靈生殖的映襯下「相形見絀」起來，因為心靈的生殖可以誕生不朽而且美好的事物，這是肉體生殖力不可能達到的。柏拉圖想說的是，心靈產生的理念是不朽的，但這卻又是一個自我矛盾。因為柏拉圖在自己的「理念論」中曾經反覆述說，是神一次性創造了所有的理念原型，他們同時也存在於人的心靈之中，但他在《會飲篇》中說，心靈又具有自發產生理念的能力。柏拉圖心靈生殖論讓後人看起來矛盾重重，這個理論與其《高爾吉亞篇》相矛盾。因為在那裡，柏拉圖將記憶引入理論，並在此基礎上對現實世界進行描繪，與心靈生殖有很大的不一致。

　　如果一個人具有心靈生殖能力，那麼他遇到美的對象就感到欣喜。美便是使心靈具有生殖力的種子，美的理念進入心靈，從而使心靈受孕，創造出美德、詩篇和一切有益城邦的東西。心靈受孕機會如何去尋找，它在哪裡呢？柏拉圖這樣說：「同肉體生育相同，心靈生育也需要尋找受孕的機會……當心靈生育者到達成熟的年齡時，他便應該四處尋找美的對象，一旦發現一個高尚而美好的心靈時，就擁抱在一起，產生出豐富的思想，孕育出智慧和美德，此類心靈的生殖產物比肉體的生殖產物更加珍貴，因為他從本質上來說是不朽的……」短暫的慾望和視覺中的共性便是卡洛斯追求的愛情理念。

愛情有顯然矛盾的兩個方面：一個是理念本身，即心靈之愛，他以心靈接受美的受孕，以生殖文藝作品為結果；另一個肉體的生殖，即肉體由於相互吸引，進行交媾，誕生子嗣的過程。兩者對比，心靈受孕是製造不朽產物的高端過程，而肉體受孕不過是一種重複輪迴的低級過程。心靈受到美的吸引，產生愛情慾望，便是心靈受孕了。

天才的戲劇創作才能、希臘人自由散漫的本性加之柏拉圖的愛好，使得他在《會飲篇》中大量使用故事，強調傳奇性，沒有迴避傳統的性愛觀，像歐里庇得斯一樣把激情主義熔化在他的血液裡。在本篇中，人們看到一種巨大的潛在生命力，達到了他作品少有的精神與形象兼得的高度。

《會飲篇》結構是層層遞進的。以愛情作用開始，而後闡述愛情神聖論，最終對愛情本質進行探尋。應該說，這篇文章是柏拉圖少數幾篇能夠大眾化的對話，因為他沒有更多地展露他「理念論」的觀點，所以不難理解。大凡熱愛生活、熱愛真正愛情的人，就認清他遵循著柏拉圖的自由與精神相伴隨的「愛情心靈公式」而言，是並不困難的，這也就是大眾化理想中相信自由的心靈作為精神因素存在的重要理由之一。二元論也在柏拉圖的戀愛論中。他指出，性愛是精神與肉體的集合，而基礎則為理念。

九、也談卡洛斯與普賽克

因為妒忌，阿芙羅黛蒂將賽姬捲走，並讓自己的兒子卡洛斯去加害這個美貌的公主，但卡洛斯卻為賽姬的美貌所征服，兩個人歷盡千難萬險之後，終成美好姻緣，而賽姬也獲得長久生命。

羅馬時代的詩人阿普尤斯的《金驢》完整記述了卡洛斯與賽姬的愛情故事。

在希臘，人們稱愛神邱比特為卡洛斯，他長著一雙翅膀，相貌英俊（有時，以兒童的身分出現；大凡畫家都愛把邱比特當做渲染愛情氣氛的良劑，甚至過多的空間都喜歡用「小愛神」的模糊形象填充），整天拿著金弓和箭到處行走。他的箭有兩種，接受愛情的金箭和拒絕愛情的鉛箭（許多畫家似乎更喜歡另一個充滿浪漫傳奇色彩的愛情故事──「邱比特與賽姬」，來表

現古典主義理想美）。阿爾卡美涅斯國王的公主賽姬（Psyche 象徵人類靈魂的化身）天生麗質，是個絕代的佳人，但那超凡脫俗的美貌卻嚇退了全國的求婚者，青年們都自慚形穢，不敢輕易接近公主。

為此，國王和王后十分著急，找來祭司占卜，祭司說，由於公主長得過於美麗，天命要她接受懲罰，賽姬將嫁給惡魔。天命難違，國王夫婦傷心地將女兒送入荒僻幽谷。事實上，這是愛與美女神阿芙羅黛蒂造成的。她嫉妒賽姬的美麗，便出此計策。入夜，一陣清風捲起神傷的賽姬，把她送到了一處華貴的宮殿，宮殿中一切應有盡有，儼然她又找到了公主的身分。一天，她在昏睡中，聽到一個青年在她耳邊對她傾訴相思之苦，並向她求婚。寢室裡沒有燃燈，賽姬看不見他的面容，青年告訴她是自己救了她，他也是宮殿的主人。賽姬禁不住青年的熱情，答應了他的求婚；但青年告訴她，不准她看自己的相貌——這就是唯一的禁令。原來，這便是阿芙羅黛蒂的兒子卡洛斯，母親命他去懲罰賽姬，把她變成妖怪。但出乎意料，卡洛斯非但沒有遵命行事，反而救了賽姬，讓西風神將賽姬帶到一處宮殿中，這一切都源於賽姬的美麗。最終，他還向賽姬求婚而成為夫妻。

卡洛斯每夜化身與賽姬共枕而眠，天亮了便悄悄走掉。雖然兩人情感彌篤，但賽姬卻對這個從未謀面的愛侶充滿了猜疑。一天，賽姬的姐妹找到宮殿來看她，聽說這奇怪的禁令後，她們疑心卡洛斯是妖怪，便慫恿賽姬去看卡洛斯面容，若是妖怪，便趁機殺了他。

天黑了，愛神卡洛斯如往常一樣來與賽姬相會；賽姬卻是忐忑不安，終於她下定了決心，悄悄地起來，打著燈火持著尖刀，撩起了幕布照看這未曾見面的情郎。火光映襯下的是卡洛斯那令人愛憐的面容，賽姬看得又驚又喜，卻忘記了手中的油燈，一滴熱油滴在了卡洛斯臉上，卡洛斯十分生氣，認為賽姬不守諾言，於是遠走高飛，宮殿也不見了。

賽姬為自己的行為十分後悔，她下決心去尋找卡洛斯，直至天涯海角。這時，阿芙羅黛蒂也知道了兒子的祕密，十分氣惱，布下重重障礙，不讓賽姬見到卡洛斯。賽姬歷盡磨難，躲避山林仙怪的搶婚，從阿芙羅黛蒂的圈套中逃開，在阿提米絲和海洋女神特提絲的幫助下終於來到了茜苔島。面對著

堅貞的賽姬，阿芙羅黛蒂想出了一個辦法，她叫賽姬去找冥后普西芬尼借絕世的美色。不怕艱險的賽姬終於進入地府，見到了普西芬尼，冥后給了她一隻金盒。回去的路上，賽姬又一次禁不住好奇心，打開了金盒。原來，盒子裡是「永恆的休眠」。普西芬尼也是個好嫉妒的女人，她見到賽姬的美貌，便也起了加害之心。卡洛斯聽到愛人的不幸，便闖出母親的囚禁，去救助愛人。最終卡洛斯深情的一吻，解除了賽姬的「休眠」。兩個人冰釋前嫌，永不分開。

兩人愛情最終感動了奧林帕斯的天神，賽姬被宙斯賜與了永恆的生命，並成為靈魂與友誼之神。宙斯還在天上為他們舉行了婚禮。這個故事的整體脈絡並不出奇，許多作品中都有類似的故事，如《格林童話》、《一千零一夜》、《聊齋》等，但我們仍能體味其中的美好。

第五章 柏拉圖與烏托邦

斯巴達：社會生活簡單、政治力量集中，施行寡頭制。它不同於權力傾軋的雅典，正因為此，柏拉圖選擇了它，創造了它，使它成為歐洲歷史上第一個盡人皆知的理想社會，第一個迄今為止為人所知的烏托邦。

柏拉圖在這個民眾生活粗糙，精神高度統一的城邦基礎上，開始了他最富實踐的生活。首先，他把哲學家立於城邦統治的核心，以政治自娛自樂的精神制定了從統治者到一般百姓的生活模式。也正是如此，才開始了西方歷史上第一次將個人意志、優生、男女平等、教育推廣制與貴族寡頭專政相結合的政治形態。其次，為西方三權分立制度的成熟奠基。他強調城邦建設與立法的聯繫，希望透過對人的約束，達到多種權力的平衡。而這些必須透過各種機制的完善來解決，這也正是三權分立制所汲取的精華。柏拉圖也揭開了有意識的精神意識為政治所重視的先河，透過對人的慾望限制而達到對集體利益的維護，雖然這種思想與人的自然本質需要相對立，但仍不失為西方政治生活的一大進步。最後，普遍的權力和義務受到了重視，廣泛的道德和自由標準也從此樹立。

一、關於斯巴達

斯巴達，演奏了歷史戰爭狂想曲，曾為無數先哲所青睞。而今，只是不足五千人的小村鎮……是什麼創造了斯巴達往日的輝煌？《荷馬史詩》中的勝利者今在何方？

《荷馬史詩‧伊利亞德》中的斯巴達是勝利者的標誌，國王墨涅拉俄在十年的戰爭後成為全希臘所仰慕的英雄。戰爭，成就了國王，也成就了斯巴達。這是荷馬時代的神話。現實中，從這個時代起，斯巴達亦是同樣的耀眼，兩次希波戰爭和伯羅奔尼撒戰爭，擊敗雅典，確立了其最終征服者的地位。

行吟者的傳唱歌謠和歷史現實相互印證著斯巴達強大的國家機器。也正是因此，斯巴達征服了世世代代的西歐哲人和作家。強大的軍事集權政體為多人宣揚，這種國家機器在許多人的著作中都有刻畫，包括普魯塔克、塔西

陀、盧梭、尼采以及最初的一批國家社會主義學者。要想了解柏拉圖的烏托邦，我們就要首先了解斯巴達國家政體。

在這裡，首推的是普魯塔克，他出生於古羅馬尼亞祿統治下的克羅尼亞，是古希臘時代著名的傳記作家、散文家，遊歷了埃及和小亞細亞等地，因此積累了豐富的人文歷史知識。他曾經在雅典學習哲學和數學，後在羅馬用希臘文講授哲學。普魯塔克對羅馬斯多葛派的禁慾生活很感興趣，歷代英雄的品格和事蹟促使他寫作《希臘羅馬英雄平行列傳》五十篇，記載了半神話人物到公元前一世紀羅馬皇帝的生平，因為以希臘羅馬人物成對介紹，因此得名「平行列傳」。一般看來，希臘人物寫作生動多彩，而羅馬人物則較為粗糙。但這位難以用嚴謹來評述的傳記作家的作品仍不失為希臘時代最珍貴的遺產，在歐洲普及古希臘羅馬知識中作出了巨大貢獻，它裡面詳盡的描述和生動的刻畫也為歷史文人學者所關注。

歷史上，真正的斯巴達人等於戰士。「戰爭」，是真正斯巴達人的唯一合理選擇。雖然，一般斯巴達人有傳承的土地，斯巴達也是典型的農業城邦，但「勞動」可恥的思想，禁止他們耕種。曾經的大城市，在公元前五世紀，人口達十萬，橫跨六大部落，牢控伯羅奔尼撒半島要衝，而今卻只是一個五千人的村鎮，輝煌已成往昔。

真正耕種的只有農奴，大量農奴為斯巴達人提供了無顧慮成為軍人的條件和基礎。開始的時候，約在公元前二〇〇〇年左右，北方的多利安人來到了這片幼洛塔河右岸的地方，驅趕並奴役了這裡的原住民，使他們淪落為斯巴達的第一批農奴「希洛特」。戰爭為斯巴達人獲取了大量的「希洛特」，強大的進攻侵略使得「希洛特」巨增。戰敗國的「貢品」（如邁錫尼國王每年向斯巴達貢獻兩千名農奴和全部收成的一半），刺激著斯巴達人的侵略意識。

斯巴達實行「農奴非買賣制度」，即奴隸制度和土地不可分割，斯巴達人也因此依附於土地和土地上的非賣品。這與希臘大部分地區不同。每個成年的斯巴達自由民都會從家庭繼承土地，或者從城邦中得到一小塊新的土地（它們同樣屬於非賣品），透過這種稱為「份地」的給予成為地主（無論是

貴族或是普通公民均是如此），並以地租的形式向附著於這塊土地上的農奴收取地租作為生活供養。地租通常是一定數量的糧食，例如大麥、葡萄、橄欖或酒、醃食，甚至徭役，條件是其餘部分都歸「希洛特」自主支配。在斯巴達，「希洛特」沒有自由可言，他們屬於整個國家，也因此，主人無權給以「希洛特」自由。如果主人真心給其自由，必須申報，最終由元老院執行，但最終的釋放也只是「半自由」狀態。非奴隸，也非自由人。這種渺小的希望，注定了斯巴達「希洛特」悲慘的命運，奴隸一生，直至死亡。

壓迫——反抗——鎮壓，在斯巴達是必然存在的。「希洛特」用組織的反叛、暴亂抗爭自己被征服的命運，而血腥的鎮壓在所難免。據說，斯巴達的國家政體中專門有一支祕密警察隊伍，負責對付奴隸的反叛。當地甚至還有一種殘酷的傳統，用以威懾任何企圖改變體制的行為——那裡青壯年每年都要進行一項宣戰，用捕獵的方式殺死那些在遊戲中呈現出強烈叛逆情緒的「希洛特」，因為——在他們眼裡，殺死毫無恭順之意的農奴與殺死野獸無異。斯巴達人每年都會對「希洛特」大肆而祕密的屠殺。這種行為被稱為「克里普提」，屠殺的「希洛特」大都體格健壯而富於反抗精神，而屠殺的目的無非是為了「恫嚇」。

二、戰士傳說

戰爭、奴隸、供俸……一切都源於戰士。戰士制度也因此成為斯巴達政權的基礎。戰士的培養過程是極為殘酷的。從初生的幼兒至成年，要經歷重重的磨練。培訓的方式和原則也與今天大大不同。

「全民皆兵」是斯巴達人最為貼切的描述，「兵」是如何培養、訓練的呢？

「戰爭第一」是每個斯巴達人的思維意識，無論是戰爭中處於優勢的青年男人，還是戰爭中處於弱勢的老少婦人，一生為戰而活。

斯巴達的孩子在出生時會被烈酒洗禮，目的是檢驗他們身體的健康狀況。往往發生抽風和昏厥以及體制較弱的孩子就被殺死。這種嚴酷的生存考驗一直持續下去。無論男女嬰兒，都會被送到城邦長老的面前接受檢驗，強壯的

留下來撫養，孱弱的則被扔進深潭或山澗。在城邦，唯一一所學校是專門培訓戰士的，所有的男孩子都必須在七歲時送到那裡受訓，直到他們二十歲成為真正的戰士為止。斯巴達人的嚴酷訓練，我們在歷史的遺跡中可見一斑，有這樣一段殘碑上的文字：「……（作為）一個戰士，他必須堅定、勇敢，必須能夠熟知一切痛苦……他應該喜愛紀律和一切關於戰爭的技術……作為男人，最光榮的事是用敵人的腸線做成經線，用他們的頭顱增加重量感，編製成勝利之網……斯巴達的女人不需要感情，她們渴望（見到）肢體的碎片，那將是最好的奉獻給愛神的祭品，在人們眼中，鮮血可能是真實的，但它卻可以在神的支配下，亂七八糟地凝聚成新生（生命）。」

進入學校後，男孩子們被分為許多團隊，七至十二歲的孩童被分入兒童隊，再進行分組。主要培訓服從忍耐，而分組是為了在以後的戰爭中配合。分隊的主要原則是：身量、年齡，而非今天普遍的錢財、身分、經歷等。授予的教育中，文化、手工藝、科學、勞動方法一律遭到摒棄，真正的斯巴達公民是不屑從事這些低級的「希洛特」專業的事情，他們所要學習的只是對抗的技術，然後全心全意地成為國家的戰士。所傳授的文字教育，也只限於他們能看懂簡單的軍事行文和命令。這種分組是學校根據學生的年齡及自身發育狀況進行編排的，意味著系統嚴格的教學和訓練。訓練項目按成年和未成年分為兩類：成年人主要為角力、摔跤、拳擊、格鬥、賽馬、賽車等；未成年主要為跑步、跳躍、游泳、投擲標槍、鐵餅等。

斯巴達教練主要職責就是指導他的學生迅速成長，而主要途徑就是嚴格殘酷的鍛鍊。每個斯巴達教練一般指導一百名學生，而訓練一般在每天清晨就開始了。除了正常的負重鍛鍊、遠行和技擊外，教練還經常故意挑撥關係，製造矛盾，利用兒童的虛榮心把他們訓練成鬥毆中的教唆者和兇手，並鼓勵自相殘殺的行為。適者生存，而在斯巴達，適者就是強者，弱者代表著恥辱，而恥辱毋寧死亡。

每年冬季是驗證學員磨練成果的季節，檢驗是在為復仇女神黑卡蒂舉行的祭典上，這裡表演則是兒童遭受鞭笞。作為全國的大事，可謂盛況非常，即使遠在城外的家長們也會前來觀看。兒童學員們跪在石像前，由一位神廟

的女祭司作為臨場監視，她不斷將手裡的復仇女神小像舉高或放低，指導著鞭笞的輕重緩急。父母們觀看的則是他們的孩子是否堅強，怯弱則遭到別人的輕蔑，而對孩子的傷痛卻毫不在乎。孩子們力求表現的也是他們的堅強、從容、安定，而絲毫的痛苦樣子都不流露。

更高一級的訓練從十二歲開始，這也通常被認為是進入了關鍵的成長期。但這種「升學」並不是毫無代價的，也要歷經一次重要的考試。考試便是爭鬥，教練一聲令下，分成兩隊的孩子便以徒手方式廝殺，勇武和殘忍是他們努力表現的。

訓練的條件十分艱苦，一年四季，斯巴達學員只許穿一件單衣，而沒有任何其他的頭腳保護。學校為他們準備的宿舍裡空無一物，允許他們自己到河灘上摘折蘆葦、繩草編織睡臥用的草蓆。管理者奉行這樣的原則：「如果一個真正的斯巴達人覺得不滿足，他應該學會如何從別人那裡得到補償。」所以，一切都是極為苛刻的，甚至在吃飯的時候，也經常不開飯或減少食物的配給，這樣做的目的是鼓勵他們創造自我謀生的門道。在這種極端的條件和訓教下，許多斯巴達學員都在做著當今看起來十分不道德的行為，偷竊、搶劫屢見不鮮，甚至斯巴達人以此為自豪。例如：一個斯巴達學員搶劫謀殺教練獲得表彰。這是普魯塔克記述的。

這種非人道的磨練，將斯巴達人的強悍和鬥志發揮到無以復加的地步。普魯塔克這樣評價道：「他們像獅子一樣埋伏在山谷的草叢中，像羚羊一樣越過岩石，一下子出現在波斯人面前。」可以想像這種意志和潛能的激發是多麼強烈。

「他們只長高，不發胖，肌肉的力量增強了形體的美感。」這是古希臘三大雕塑家之一的波拉西特列斯給予斯巴達人的評價。在這位從伯羅奔尼撒半島走出的藝術家的眼中，斯巴達人的身材達到了最完美的狀態。

斯巴達人的訓練結束於二十歲，並從此時起成為一名正式的職業軍人，直至六十歲退休。任何人在二十歲就可以結婚，但卻必須當做一件偷偷摸摸的事來做。這樣說是因為家庭的觀念根本不存在，他們住在軍營裡直到三十歲為止。那之後，公民就可以享受一切正當的權利和義務，都應該在公共的

大食堂吃飯，並從他的份地生產的產品中繳納一部分作為公共口糧。國家體制不允許發生分配不均衡的現象，這樣既消亡了競爭和內部鬥爭，也打擊了應有的進取心。份地和「希洛特」所繳納的供奉是必需的，但除了自由饋贈和國家收回之外不得有其他占有關係的轉移。在國家範圍內，嚴禁任何人私藏金銀。貨幣通通是用鐵鑄造的。國王在斯巴達的生活也簡樸得像莽漢一樣，在《荷馬史特》中可見一斑，這也正是斯巴達生活樸素的一個寫照。

斯巴達的婦女從出生就開始了與眾不同的命運，斯巴達造就了這片土地上的女人特殊的地位。她們並不像西亞或近東地區的女孩子一樣從小習慣待在家中。女孩子同男孩子一樣，在出生時也要接受烈酒的洗禮和檢驗，以便確知她們是否有資格成為合格的母親。在平時，她們也要經常參加體育鍛鍊，練習投槍、射箭、搏擊、投擲，為了不影響挽弓，她們自小便被割去了右邊的乳房。這種看似殘酷的行為，其終極目的就是戰爭。為了使孩子能夠很好地吸取營養而成為斯巴達戰士，而且做為後備資源，她們也可以作為戰士奔赴沙場。

三、性愛與婚姻的關係

斯巴達人的自然狀態下的愛情和婚姻對當今社會無疑是一個挑戰，如矇昧未開化的伊甸園般的男女關係卻無時無刻不證實著這個以「戰」為榮的精神原則，而與精神對應下的政權在權力分割和約束中達到一種平衡。這也讓柏拉圖以及後來人為之傾心並大加讚揚。

斯巴達的男女青年的生活狀態，類似於伊甸園中沒有被引誘的亞當和夏娃，他們赤身裸體一起鍛鍊，而沒有絲毫的異樣和尷尬。這在當今時代是難以接受和想像的，但卻不得不為斯巴達人這種原始的開放而折服。「儘管這些少女們是在公然地坦露身體，然而在一切遊戲之間，卻絕對找不到絲毫地違背正當的歡樂之情的淫穢的地方」，這是普魯塔克向我們描述的。

結婚是赤身裸體生活的一個非常重要的目的，這種原始的男女行為顯然會讓當今人「跌掉眼鏡」。但這卻成為斯巴達人的獨特所在。回歸原始的斯巴達人看重肉體的力量，對自然選擇的方式不會感到任何的不適。他們在裸

體遊戲中尋找合意的伴侶，甚至用暴力手段也不足奇怪。當然這種結合方式為制度和民俗所認可，並且成為最重要結合方式之一。

三十歲是結婚的最後年限，如果三十歲仍然獨身，那麼他就會被視為性無能和違反法律。獨身的男女，都必須在青年人跳舞的地方外邊赤身裸體的徘徊，這無疑是對獨身者嚴酷的懲罰。結婚後的婦女原則上應該守住貞操，但如果她的丈夫無法使她受孕，她就可以嘗試其他男人是否能比他更能履行職責。而他不應為此怨恨，因為法律上把生育公民看作是頭等大事，而且法律支持把所生育的子女算在他的名下。據亞里斯多德考證，一個斯巴達家庭有了三個兒子就可以減免部分兵役，有了四個兒子就可以減免對國家的負擔，有了五個兒子則可以申請份地的分配。斯巴達的法律默許搶婚制度，直白地說，就是允許在合理情況下分配生育的資源。國家視所轄範疇的一切人屬於公有財產，應按照國家的利益分配。在斯巴達，第三者的介入有著與當今社會不同的評判標準。這一切因為國家的策略高度考慮，正直的人與別人的妻子相愛並有了關係，並不會受到太多指責，也不會影響他的形象。因為斯巴達人將之視為對生育資源的珍惜。

婦女在斯巴達有著不可估量的作用，雖然她們沒有直接的權力。但她們的行為和態度卻極大地影響著政治。這會讓我們想起母系氏族社會婦女的地位。在這個國家裡，父親是沒有地位的，他可以是公共食堂吃飯的任何一個人，可以是使母親受孕的任何一個人，對孩子是無關緊要的。另一個方面，母親在家庭生活中起著決定作用，她們的態度足以影響一個人的前程。婦女們有權鄙視怯懦的人。假如這個懦夫就是她的兒子，她可以拒絕為他提供膳宿，從而受到旁人的稱頌。這種稱頌和唾棄有時不完全是口頭和意志上的。曾經出現過這樣一段記載，一個年輕的男子在戰場上受傷，痛苦萬分，禁不住喊出聲來，在斯巴達他的妻子因此遭到懲罰，並被羈押起來。同時，婦女們要做到杜絕悲傷，即便她們的孩子在出生時因體弱遭到拋棄，或年輕時戰死沙場。母親在某種程度上類似於今日的父親形象，堅忍、剛強。她們在送子上戰場也不會有絲毫的兒女情長，慈母不是斯巴達母親的作風。有這樣一個送子出征的母親，送給她兒子的兩樣東西，一為盾牌，一為嚴酷的語言：「拿著，否則就躺在上面」。

斯巴達只有勝利著歸來，否則英勇戰死。所以在斯巴達戰士中，只有英雄而無懦夫。這也是斯巴達國家機器製造的成果。

斯巴達國家機器權力的掌控並非大眾。在斯巴達實行的是貴族寡頭政體，這與雅典的民主制度相對應，權力高度集中，卻在其中體現著平衡和制約。所謂「貴族寡頭」，即當權者為一小撮人，其複雜的即位制度和憲法體制讓很多史學家感到頭疼。這種「貴族寡頭」當政的體制，起始於兩個不同家族的國王，又世襲產生。兩個國王分別執政，一個掌管軍隊，一個管理國家，然後依照次序輪換。國王的權力是極為有限的，甚至在某些方面還不如民主制城邦的執政官。國王是三十人元老院的首腦，分別組織例行會議。所謂元老院，是除國王以外，其他人的年齡都在六十歲以上（這一點本身就很不容易，在黷武而艱苦的斯巴達，根據統計壽數超過四十歲就很難得了）的執政團體，他們由全體公民在貴族中選舉出來，並在有生之年保持終身任期。元老院下設公民大會，其功用是定期召開，商議全國性事務，如戰爭、競技、徵稅等等。公民大會不能單方面提出議案，但卻可以對向它提出的議案行使否決和透過的權力，任何立案不經它允許則被視為無效。公民大會體現著一種平等思想，但這種平等因受到前兩個階層的制約而大大削弱，因為權力的最終執行在國王和元老院。儘管如此，我們仍能從中體會到這種的政治制度的優勢。

斯巴達從上到下分布著國家的權限，這種「貴族寡頭「政體，權力分割後含有三個重要部分：國王、元老院和公民大會。除此之外，政府還具有一些特殊的職能機構，這是整個希臘化歷史上斯巴達所特有的，即為五個檢察官（或稱公安委員會）。這些人是在公民大會上被選舉產生的，這和雅典的民主政體中的執政者的選舉方式大致相同——採取抽籤的方法。檢察官基本作用就是要限制國王的權利，他們就職時宣誓內容之一就是要監視國王的行動。任何一個國王出征和外出的時候，都會有兩個檢察官跟隨他，監視其行動。公安委員會的權力行使範圍使它的地位大大提高。做為斯巴達最高監察，權力包括審判和民事法庭，即便國王也不能拒絕其權力的行使。

斯巴達政體的獨特性備受人們的關注，許多人進行深入研究，希望在這個歷史上的政權找到治理當時社會的出路，這樣的探求，在整個古代絡繹不絕。這裡面有兩個創作和改造上的高潮，其一便是柏拉圖的《理想國》，它以斯巴達為藍本，創造性地熱情地謳歌了沒有城垣、質樸無華的斯巴達城邦的稀稀落落的村莊。他給予它和居住其間的人民返回遠古時代的感覺。但真正的事實與理想是不能劃等號的。的確，在想像中，居民可以勇敢、堅強、善良、純潔，可以無慾無求、安貧樂道，政治也達到一種和諧般的完美。

現實中，殘酷的戰爭，個人空間的極度狹窄，政權的混亂，無時無刻不向理想提出質疑。

美好也只屬於柏拉圖烏托幫。

古人對斯巴達的探尋和讚美在普魯塔克那裡又達到一個新的高峰。當柏拉圖的光輝過去四百年之後，斯巴達的城邦也成為幾個世紀前的回憶，這位熱情的文人在他創作的《希臘羅馬名人平行列傳》的一篇中為人們展現了古代斯巴達賢明的統治者——萊斯特格斯的風采。他被描繪成一個改革式的立法者，一位充滿仁愛的君王，是他使他的人民深信，他們的存在是有著為國家服務的崇高目的，是可以使家園更美好、更幸福的原因……普魯塔克認為，萊斯特格斯「是在用一種結束其單獨生活狀態的方法訓練他的人民，永遠地把大家團結起來，正像使蜂群圍繞在蜂王周圍……（採取壓迫「希洛特」的農奴制度）使他們不僅從原本繁雜的勞動中脫離開來享受到大量的休憩和安逸，用更高明的意識趨向（戰爭的觀念）把他們吸引不得從事無聊行當的行為上，還使財富在國家範圍內變成了一件無用的東西」。普魯塔克為後代文人志士勾勒了一個美好的藍圖，和諧、至上、完美的斯巴達治國方式成為許多人終生追求目標，包括後代文藝復興者、法國革命人士甚至以後的早期社會主義者。

四、柏拉圖的理想國

柏拉圖的烏托邦給了我們一個哲人統治國家的設想，仿效古代斯巴達城邦的政體和現實生活，雖然幾無現實意義可言，但歷史意義十分重大。

理想國出自柏拉圖對話《國家篇》，它是最早關於空想社會主義的描述，脫胎於當時斯巴達政體。作為世界上最早的烏托邦，它在人類思想史上占據了重要的地位。

《國家篇》大體分為三部分。大眾哲學看重前兩部分，這兩部分是：第一至第五卷，主要描寫柏拉圖理想國的組織，重點在於哲學王城邦的概況。另一部分是對話的引申部分，主要總結哲學家的實際任務和行為。而探討當時政體優劣的第三部分，大眾哲學認為其沒有哲學思辨精神和歷史意義。

「正義」城邦描繪之後，柏拉圖開始以哲學治國的精神來策劃解決城邦的一系列具體問題，提出許多理想的「可行性建議」，包括階級建設、教育制度、經濟措施、國家機關、人種繁殖、神學宗教等等，但是卻隱諱了「除了哲學王之外的其他各階級能適應到什麼程度」，他只是為有哲學頭腦的治國者所編制的策略，而不考慮整個「理想國」國民接受與否，甚至很多行政制度把其他公民、居民排除在外。這些制度和條例明顯是從斯巴達訓練武士國民的方法中照抄來的。也因此，這種制度和條例沒有什麼現實意義，只成為「空想」而已。理想國作為一個哲人的國家，也只是在思想上給後人留下掛念和感嘆。

五、柏拉圖的四主德

柏拉圖美德的四個方面的層次性將理想國城邦的人化分為三個階層。智慧、勇敢、節制、正義，將衛國者、武士和農民相區分，而正義作為「全民皆享」的美德，也是柏拉圖哲學體系的重要概念。可以說，沒有「正義」，便沒有柏拉圖和諧的烏托邦。

正義，是《國家篇》中重點論述的，在對話中，以蘇格拉底與幾個人的討論展開。他們是：西法魯斯及其兒子波勒瑪庫斯，柏拉圖弟弟格勞孔和阿納克西曼德以及詭辯論者特拉西馬庫勒。討論可謂精彩紛呈，讓人眼花瞭亂，而正義作為討論的核心問題也漸漸清晰明了。

柏拉圖筆下的正義並非當今社會的「正義」，作為柏拉圖體系的一個重要概念，它有著太多的內涵。正義與柏拉圖的理想國不可分割：「衡量一個

城邦是否正義，其標準就是其工商業者、兵士、衛國者是否在做自己的工作而不干涉別人的工作」，「正義的城邦就是居民各行其是，毫無僭越和改革行為的城邦。」

至善是一切事物之源，至善創造的東西是真實存在的真理，也必是完美的理念，這是柏拉圖所闡述的認識。《國家篇》中的蘇格拉底堅持，為了更清楚地認識這個問題，必須首先討論正義在城邦中的表現，然後才討論它在個體人群中的表現。討論後的正義成為構築柏拉圖烏托邦的基石，而他的哲人城邦也描繪得完美和諧起來。

柏拉圖的烏托邦至今已廣為人知，黑格爾在《哲人史講演錄》中說道，「這個城邦是由工匠和農民、武士、衛國者組成的，是典型的斯巴達式城邦。」柏拉圖並不希望創造一個完全獨裁的社會，而是努力在理想城邦的內部造成一種各安其職的事務性場面，使上述三個等級各自從事應當做的工作，城邦便必定繁榮安定。從該角度講，「正義」即法律，柏拉圖不認為個人能自發地獲得正義。他建議必須建立相關的法制，使人們的意志符合城邦的意志，在這個大的框架下，事務性場面分為三個體系——立法、保衛和滿足需要。立法是指為了城邦的需要，制定法律並監督法律的執行，其次就是應當有平時維持秩序和戰時保衛國家的常備事務，再次是要為了滿足全體國民的物質需要而出現的勞作性事務。建立在正義基礎上，「美德」也隨之明晰，柏拉圖利用「正義」的公有性，將美德從城邦內部水到渠成般的引出。

「美德」的廣泛性和階層性是柏拉圖理想國的特色。「美德」被其分為四個方面，針對三個層次的人群提出。具體來說，衛國者應該是有知識的智慧人士。這裡所說的知識絕對不是指勞動技能或古希臘時代學者應有的那種修養，而涵蓋了一切「普遍的原則」，「是真正的關於理念的知識，因此他們必須是愛智慧的人」，即哲學家；武士應該是勇敢的人，由於心靈中有偉大而堅定的意志，所以他們必然「堅持合理的意見，畏懼偉大的、有威力的東西，具備不為情慾、享受所動搖的堅定精神」；屬於第三等級的應該是節制，包括對慾望的克制，這也是前兩個等級共同具有的美德，不分地位高低、職能如何都應該共同分享的美德，是一切城邦之人共有的美德，由此，便產

生出整個城邦的和諧（消除了物質慾望，任何社會都必然和諧）。第四個美德即「正義」，這是和前三種美德並列，又凌駕於前三者之上的一種美德。它是屬於全體城邦之民共有的，當他們歸屬於「正義」的範疇內，各行其是、協調有序的時候，「智慧」、「勇敢」、「節制」便會存在和發揮力量。「正義」便是一切美德的基礎，是滲透性地貫穿整個城邦的總綱。第一美德「智慧」是只有衛國者階級擁有的，而他們也同時擁有「勇敢」和「節制」，而第三等級卻不會擁有「智慧」和「勇敢」，因為它們是上層等級才擁有的美德。由上可見，美德是「不平等」的，「享受」美德因為階層不同而不同。總體而言，「美德」是由上而下、不斷遞減的，作為普通的公民，也只有「正義」和「節制」美德的掌控。

柏拉圖對美德的分階層闡述，後來成為貴族派哲學家們宣揚奴隸主階級的行事原則。智慧、勇敢、節制和正義，也被稱為古希臘時代的「哲學四主德」。在亞歷山大大帝和羅馬時代，四主德的原則被廣泛傳播，成為古代世界普遍認可的道德標準。而後，四主德與基督教神學的「神學三德」合稱為七主德。這主要是在羅馬末代和基督教經院學派興盛時，被奧古斯丁和聖托馬斯‧阿奎納所接受和倡導的，他們把其看作是人自發自覺的道德標準。

慾望、理性和激情是柏拉圖提出的人的三個方面，目的是為深化其他三個等級的觀念。這三者與正義之間存在密切的聯繫，要想了解正義是如何在這三方面發生效用的，首先必須對三者進行初步的理解。這三者呈現連接關係，彷彿一個天平。當人肉體的慾望膨脹時，行為必然趨向利己主義，當人的理性占據了上風時，靈魂就會滲透智慧，窺見理念世界的光芒。至於第三者激情，它處於前兩者之間游移不定的位置，人類的激情能促使人更加追求慾望，也能增進理性，使人克制慾望。「正義」就像天平上的砝碼，當主觀慾望膨脹的時候，它則發揮效力，使人的激情產生作用，即便忍飢受凍，也要努力克服困苦，因此它是「工人和農民」階級恪守本職、堅持工作的原因；當城邦受到外敵入侵或受到威脅時，激情會點燃烈火，促使戰士等級奮力作戰；當正義作用在衛國者身上時，法律和國家的監管機制便會並行執行，因為它是使智慧的靈魂擺脫肉體困擾的重要方式。在城邦中，「正義」便可以認作是主觀自由的意義。當其發揮至最大效能的情況下，權利與義務便相得

益彰，每個人都必然有他的職責和利益，也具備了屬於自身的財產——他自己的「正義」。「正義」的意義是深遠的，它包含了權利和義務的雙重概念，是人們安於職守和保證生活安定的基本立足所在。同時，正義也是城邦的存在基石，它依靠於國家法律行為的給予，依靠不同等級的美德而存在。

六、也談金屬人

　　金屬人的編制與理想國的建築在某種程度上構成一種悖論。當人成為虛幻，國家也無疑成為虛幻，進而國家的政體以及柏拉圖關於金屬人證實的三個等級合理性都被推翻。

　　柏拉圖的理想國因為人物的虛幻而大打折扣。金屬公民是柏拉圖為說明其三個等級劃分的合理性而編制的。編制的最主要部分是關於神創造三種不同人的傳說。顯然，柏拉圖是借鑑古希臘神話而創作的：大地——地母神在我們出生前已經準備好構成我們肉體的物質，這種物質分為三種：金、銀、銅和鐵，由少至多遞增，構成的人依次為：衛國者、士兵、從事體力勞動的人。只有第一種人才可以支配政治，人數也很少。階層劃分與四種德行的配給相得益彰。這也是柏拉圖的編造的細微之處。他認為統治者的德行是，把理性表現為智慧；戰士的德行是，將意志或激情表現為勇敢；而勞役者的德行是節制。正義在統治者、戰士和勞役者身上各行其是。不得不稱讚柏拉圖這樣的一個「高貴的謊話」，雖然作者甚至希望這種謊言得到公認。

　　等級在神話的編制下合理起來，而人群被分級又是如何建立和維持的呢？一開始，城邦需要一種推動作用，即衛國者採取有力的開拓方式當上國家的統治者後，便由其指定兩個等級的入口，後來他們便可以採取世襲制度了。至於子女，如果沒有極其特殊的情況，他們必定屬於他們父母的那一等級；如果他們不屬於那一等級的話，那麼他們就相應地升級或降級。等級的繼承性也並不是一成不變的，能力的高低決定了三個等級孩子的地位的提升和降低。衛國者的孩子因為無能會被降級，士兵和勞動者的孩子因為優秀可被提升。

柏拉圖對自己的「神話」的推廣並不懷疑，雖然當時的人不相信，但他認為透過灌輸可以使後人相信。這種思想是有害的。透過灌輸使民族的思維死板，甚至愚昧，這樣的後果與理想國的立國教育以及他和蘇格拉底奉行的自由、實在理論背道而馳，最終理想國可就真的毫無理想可言了。

七、關於理想國的教育

柏拉圖理想國的教育在今人看來有太多的不合理，諸如詩歌、戲劇、音樂等等，都被選擇性的剔除，而理想國的公民們也在一系列的條款下失去了人性，無慾望，情感單一，「正義」的各行其是如機器一般。理想國到這裡，我們也看到了它的失敗。而柏拉圖也只能站在空想上，獨裁一般的實行著他的理論主張……。

柏拉圖十分重視理想國的教育，他的教育主要由兩部分組成：音樂和體育，這兩個詞的涵義與當今相差甚遠。音樂與我們今天的「文化」大致相當。其目的是為了將理想國的臣民培養為符合「正義」原則的人。這主要透過聲音、節奏、文學詩歌等文學形式訓練臣民內在的和諧，塑造團結上的心靈。但詩歌必須透過嚴格審查才能被用來教育，原則標準是，傳達正義和善。體育的主要目的是增強力量，培養受訓者體魄，以應對非常局面。

柏拉圖教育培養內容包括：威嚴、禮儀和勇敢。但柏拉圖對培養途徑進行篩選，從而符合他的原則，即「正義」。從盡可能的早期歲月開始，對青年接觸的文學、詩歌和能聽到的音樂就必須進行嚴格的檢查。保姆和母親所講授的內容，必須是合乎官定和法律允許的故事。在這一點上，柏拉圖打破了大希臘時代一貫的作風，駁斥了言必稱「荷馬‧赫西俄德」的傳統，不允許講授流傳的《荷馬史詩》和《神譜》上的內容。在他看來，這兩部已經被希臘人當做主要課本的書籍，包含著很多不好的東西，特別是宣揚神祇人性化，他們不僅會犯錯誤，有時比人類更能作惡，這是不能給青年以教育啟迪的。在教育中，必須首先強化的概念就是「神不可能製造邪惡，邪惡的行為只來自神祇以外的世界，因為神並不是一切事物的創造者，而只是美好事物的創造者。」

《荷馬史詩》和《神譜》中有關神的描繪和柏拉圖的神是迥然相異的，前者完全是人性的，與人不同的只在於他們不死，並具有超人的威力（且經常用此胡作非為），在道德規範上，毫無稱道的榜樣可言，甚至代表著可畏的黑暗野蠻的成分；另一個方面，後者幾乎等同於一個空泛的概念，柏拉圖從不試圖在善和神的至理中講述他們的具體形態，只強調某些精神的指導性，於是便比前者具有更多的理性和探討意味。教育的第二點，就是剔除一切關於傳統故事中怕死的成分，務必做到「民不畏死」，使「青年人願意效死疆場」，對孩子們要加強教育，要他們知道「奴役」是比「死亡」更難以接受的事，因此他們不應該聽到好人也哭泣流淚的故事——在神話中這是連神和英雄們也難以避免的錯誤。在完成了前兩點之後，理想國的禮儀要求人們摒棄過分的激情，不能大哭大笑，因為過度的感情有違公民平和的行為規範（在荷馬那裡，「神祇被幸福激動得大笑不已」是並不鮮見的，柏拉圖擔心理想國的人引證這句話作為對平和規範的牴觸）。

　　然後，傳說中存在著大量宴飲的例子，又有描寫諸神縱慾的場景，這對理想國公民清淡節慾的制度形成了誘惑。最後，一切都應該循環有序才對，神話中應該體現的是「好人有好報，惡人有惡報」，而這在兩大神話作品中完全被忽視了，這樣就很可能產生對柔弱意志的不良影響。行吟者的詩歌有太多個人喜好的成份，這是柏拉圖不能容忍的，因為這種詩歌中個人的喜好對公民平和行為規範有著極大的威脅，從而影響國民的教育，於是柏拉圖最終在理想國中剔除了詩人。

　　希臘奧林帕斯山的諸神有太多人性色彩，他們所做的是征服和支配世界，而不是去創造世界，這與其他民族神話中的主神有著極大的差別。這是些具有奇怪的「汙點」的神祇，在他們身上，你無法發現其他民族樂於宣揚的東西，很難把他們同護持世界一類的事情聯繫起來——雖然被冠以各種各樣的頭銜，但他們並不關心地上人們所期望他們保佑的東西。他們喜歡舒適的生活，祖護偏愛的人和財物，貪圖情慾，只談權利，害怕責任，是一群典型的享樂主義者。這樣的性格特徵也推及到傳說中的人間英雄身上，他們也一樣充滿著缺點，諸如好色、喜新厭舊、驕傲自大等等。但以上的一切，並不妨礙希臘人和以後的羅馬、西歐人崇拜他們。在希臘諸神身上，後人並非從其

得到什麼規範和教條，而是得到一種印象化的精神，對自由和理想的追求。而這些是從人的精神狀態來考慮的，而不是從政治經濟的角度，顯然，東方人對孔子的膜拜是從後者出發，目的是遵循一定的道德規範。

戲劇作為一種極富宣傳意義的文學形式，顯然柏拉圖給了它以特殊的地位。但柏拉圖對國民教育的戲劇有著悖論般的原則。也終因戲劇的「瑕點」而遭到柏拉圖的驅逐。他認為，戲劇中的角色應該與生活實際中的情況相符，好人不應該被指派去扮演壞人，而壞人也不應該希望去演出與他實踐理念相違背的角色，這必然造成這樣一種情況，即大量的反面角色都是由刑徒、僕役、奴隸、戰俘來扮演，或者由那些曾經刻意模仿過類似行為的藝術家來充任。另外，戲劇中充斥著無時不在的謊言和激情的場面，演員就不可能沒有道德上的瑕點。一個良家的公民不應該把戲劇作者和演員作為職業的追求目標。這種欲加之罪的可笑理論使得柏拉圖找到了最終的託詞，然後把戲劇也排除在音樂之外，驅逐出理想國！但這並不是說柏拉圖不尊重戲劇藝術，他是十分看重這門帕納塞斯山（Parnassus）的學問的，更不要忘記我們的對象是一位了不起的戲劇天才，三十六篇有問有答、情景衝突的對話完全可以看作三十六部戲劇，但一旦理想國和他所設定的意見相左的時候，他首先肯定了藝術和詩歌的功用──「當有這樣聰明得可以模仿任何事情的先生到我們這裡來，並且提出要表演他的藝術和詩歌的時候，我們一定要用全心的、五體投地的方式，把他當做是一位了不起、神聖的大人物來膜拜」，當戲劇理想和他所創作的戲劇中的理想（《國家篇》即是柏拉圖最重要的一部對話作品，是一位多人出演的政治戲劇）發生衝突的時候，他第一個放逐的就是他自己這樣充滿激情的文藝人士──「但我們也必須告訴他說，在我們的國家裡是不容許有他這樣的人的，這是在法律許可之外的。於是便給他們塗上香料，戴上花冠，然後把他們送到別的城邦去。」

在柏拉圖看來，必須建立一套完備的「音樂」（文化）審查體系，檢驗什麼可以上演，什麼必須禁止。就音樂一項（狹隘上的音樂），他分析了當時並存於古代希臘範圍的幾種音樂派系，剔除了呂底亞和愛奧尼亞音樂，因為他們分別是以「愁苦」和「靡靡之音」為基調的，而代表武士精神的「勇敢力量」的多利安音樂和「鏗鏘有力」的弗萊吉亞音樂才是可以允許的。音

樂必須表現足夠的勇敢而又充滿和諧，並且必須簡單。少有節奏的突轉。由此可見，理想國中的音樂是貧乏的，音樂也只造成宣傳的功效，而無其他的作用。

體育作為理想國教育的另一組成部分，柏拉圖給予了充分的重視。這與當今體育在國民教育的地位是很不一致的。理想國臣民體育訓練的目的是為了增強力量，培養堅強的體魄，以應對非常局面，而當今體育卻不是為了應對非常的局而，而是維護健康的需要。理想國青年人在達到一定的年齡之前，是應該遠離醜惡和罪惡的，但一旦年齡適當，就必須暴露在「誘惑」之下，好好地去見識一番，特別是需要未成年的公民去看一看戰爭（那個時代，希臘世界戰爭頻繁，幾乎沒有歇息的日子，因此走上戰場是極為普通的事）。這樣才能使他們面對「恐怖」而毫無恐懼之心，在享樂面前不失去意志力。這些考驗是必須經受的，其目的是為了檢驗是否能夠成為合格的衛國者。在食物方面，衛國者及其後繼人也接受著嚴格的限制，只有烤製魚肉，而且不許加佐料、配菜和點心。這也是理想國中沒有醫生的原因。

柏拉圖對其統治者並不抱以當今的人才選擇標準，甚至與之背道而馳，他不希望治國者有改革能力和獨創精神，只要安守本分，各行其是即可。這是因為他忌諱變化且不願看到原始社會制度沒落。這來自於巴門尼德的「整一靜態世界觀」。靜止意味著某種程度的停滯，沒有「創造力」的領導，又如何面對困難以及選擇未來的領導者呢？顯然柏拉圖的這個思想是行不通的。

身體的健壯，是可以透過強化的訓練來實現的。然而創造一個智慧超群的治國者卻是從根本上違背了柏拉圖的認知論，是反對「有限度精神」的獨立性，這必然引發一系列導致任何種類的權威主義也難以克服的困難。從現實角度看，一個獨裁主義國家的群眾，應該是那些能夠順從地接受領導、指揮的人，最好就是平庸之輩，同時要排除那些反叛、懷疑、敢於抵制他的權威的人。於是乎一個天生的具有獨立性人格並為主驅動的人便是能勇敢地對抗權威的人，這自然是絕對稀少的，而一旦出現，則他的這種精神來源於何處呢？因為理想國是沒有適當的教育機制促進「革新精神」的（任何生產資

料盡可能保持樸素原始），單調的社會體制也是不贊成這樣的人出現的——當然，哲學王（古代的高智慧獨裁者們）也是奉行最簡單的治國原則的，革新自然也不會從他們中產生，唯一所需要的創造力和革新思維可能僅僅是要能夠對他們的意圖和部署進行快速鑑別和領會——因此就不可能真正意識到變化和獨創的意義。所以，在柏拉圖的烏托邦裡，真正的發明家和創新的工匠們是絕跡的。對柏拉圖的「獨裁」形式，我們可從今天一些獨裁者那裡得到契合，他們都壓榨民主思維，極端、刻板，自我意識強烈。雖然在這些獨裁者身上有眾多的不同，例如愛好、出身、知識水平等，但他們政治取向的個人主義色彩卻極為相似。

軍事實踐者是最能體現個人獨裁意志和個人英雄精神的群體。當然，這種狀況的形成有其特定的環境。軍隊以規則和服從而聞名，但選擇真正有能力的將軍，也必然悖於服從的宗旨。因為真正的服從是沒有創造力的表現，更不可能有能力。當然，再也沒有比認為優秀的服從者同時也是優秀的指揮者更為荒唐可笑的觀點了。無論什麼時候，絕對忠誠和軍事紀律的需要總是領導者的首選，最佳的篩選方法當然就是把那些有著小主意的下屬趕出第二領導層。在許多著名將帥隊伍裡和龐大政黨中，優秀領導的繼承人往往不大出色，因為在選拔過程中，那些忠誠且表現欲強的人和有能力的人通常被拒之門外。這不能不說是一個很大的損失。

柏拉圖理想國選拔制度主要透過世襲，傑出的人才往往被埋沒，而正是理想國的國家機器原則造就了這樣的結果，我們可以將柏拉圖看作是平庸主義的奉行者，而最終阻止了國家政權的有效更替。這一點是相當悲哀的，它的本原目的在於把傾向於進步的人從理想國領導層中剔除出去（根本不可能誕生思想進步的人）——在這裡，不可能有自下而上的暴動，更不可能有自上而下的改良，一切政治創新和有益的建樹都被抹殺了（如果仔細閱讀就會發現，柏拉圖實際上並不諳於具體的治國方略，只是翻來覆去地表述治國者的優越能力使他們完全勝任這項工作），城邦除掉的將是出色的品質。還有什麼比這樣的社會更可悲的呢？它足以醞釀出最壞的領導，這是由制度本身造成的——它所帶給學生的除了安於本位，就是要狂熱地熱愛職位及其帶來的福利。情況就像是這樣，在一個奇怪的足球教練那裡，他教導隊員的不是

如何增強體能，打好每一場比賽，而是強調足球的優美和高尚，用詩歌的形式「抒發他們胸臆間的讚美之情」。在理想國，制度和天然的出身下級處於不平的地位，他無權反抗上級的不公和淫威。

八、關於衛國者

理想國中，女性被提升到統治階層的地位，也因此，衛國階層在男女關係上呈現混亂無序的狀態。而生育也只作為國家利益的驅使而非愛情的動力。

衛國者在理想國是權力的掌控者，他們倡導公有制，而所有公民也都必須遵守。公有制的存在，使柏拉圖的理想國處於大鍋飯狀態。這裡每個人生活都十分簡樸，即使國家的首腦，也必須保持軍人的風範，僅僅住在一個小屋，吃簡單的食物。因為一切歸公，財物並不能激發人的慾望，下層臣民也不會因為貧富差距而反抗上層統治者。婦女在理想國被提升到統治者的地位，她們從小必須和男孩子一樣進行訓練，學習音樂、體育以及戰鬥技術。柏拉圖對女性地位的肯定在世界文明史上具有進步意義。但女性進入衛國者階層卻造成了理想國男女關係的混亂和無序。

這種女人地位的提升引起後代學者的關注，但顯然，女人所造成的混亂更為他們所反對，德國哲學家狄慈根這樣說道：「蘇格拉底」用一種虛偽的勉強，把他的共產主義應用到家庭之中。家庭與國家模糊了界限。不僅朋友間（全體公民在這個公有制城邦中都應該毫無芥蒂成為朋友）應該財物共享，而且就是對自己的妻子、兒女也應該施行這樣的原則。這當然並不是不存在難度，卻可以透過適當的努力加以克服這種「不利於城邦發展的保守」。立法者在選擇一些合適的男女成為衛國者後，就使他們住在公共宿舍裡，吃公共的伙食。婚姻在衛國者階層成為公有制的一種特產：女衛國者是同一階層的共同妻子；男衛國者是全體女衛國者的丈夫。

理想國的生育原則是：最好的父親和最好的母親生育最多的子女。而孩子出生就被祕密帶走，因此父母從不知道自己的子女，而子女對父母也毫不相識。天生殘缺和低等父母所生的孩子，「都要被放到一個人所不知的地方，像他們所應該的歸屬」。但未經合法婚配所生的子女，即為非法子女，無論

健康與否都必須制裁，而不授予其公民資格。父母親年齡分別在二十五至五十五歲和二十至四十歲，是合法的生育年齡，超過這兩個階段，生育的孩子便要殺掉或事先流掉。既然每個人都似乎無父無母，這樣他就可以把所有年長的男性公民都稱呼為「父親」，而把比他年長的女性叫母親，與他年齡相近的則被稱為「兄弟」和「姐妹」。這樣也可以增強相互間友愛互助的氛圍。個人是不得與「父親」和「母親」婚配的，「兄弟」、「姐妹」間的婚配也是禁止的（柏拉圖又一次在行文中暴露了他邏輯混亂的毛病，如果我們深入地想下去，就會發現這個毫無直系血親而又稱謂錯亂的國家裡，一切婚配都被禁止了——因為柏拉圖先說了理想國中任何人都以年長的人為父母，年齡相當的為兄弟姐妹，但又說相互間禁止婚配）。

　　個人在國家安排的婚配中是沒有地位的，兩性交媾應該始終奉行著城邦義務這個高超利益驅使，而不是受到所謂的詩歌中傳說的愛情作用。柏拉圖充滿熱情地歌頌理想國的統治階級，並努力為其營造嚴格的光環。他追求減少私有感情的眷顧，消除不良的反對公共精神占據統治地位的個人因素。理想國極度的追求國家利益，而最終導致了國家利益和個人利益一致。柏拉圖用「四主德」對理想國的政體形態進行詮釋。而這種對國家機構的本質研究上引起了後代哲人的重視，在消除個人利益與國家利益的衝突上，大多數人與柏拉圖持一致觀點，認為必須強化突出國家利益，確保各項國家制度的實施與進行。「民族權益」、「全民」、「道德」和「國家共性」必須處於優勢地位。正如黑格爾所描述的：「正義的形式原則作為人格的抽象的共性，而以個人的權利作為現存的內容，亦必須浸透全體；而一個等級必然也屬於全體⋯⋯在其中全部的財產就是永久的財產，一塊土地的占有正像其身體的占有一樣⋯⋯」

九、關於洞穴理論

　　洞穴理論不僅是柏拉圖為理想國製造的哲學理論，同時又是他對自己和世人的精神世界的探尋。洞穴理論中，我們看到了哲學對人類的「終極關懷」，印證了柏拉圖的睿智和偉大，其影響遠遠超出了柏拉圖的預料。

洞穴理論是柏拉圖哲學思想極為重要的一部分，它幾乎影響了後來的整個基督教哲學世界。《國家篇》第七卷中，柏拉圖以哲學治國的理念進一步深化，從而引入了著名的「洞穴理論」。洞穴理論的隱喻，會把人引入一個不寒而慄的狀態。柏拉圖把一個國家比作一個深黑幽暗的洞穴，只有一個通光線的小孔與外面連接。那些不懂哲學的人就好像是被監押在洞穴裡的囚犯。由於被鎖住了手腳，連脖子也被綁在一起，所以他們無法移動，因為鎖鏈的束縛只能向前看去。在他們背後，是一堆熊熊燃燒的火焰，火光投射到前方。在囚犯面前高聳著一堵牆壁，好像是看傀儡戲的觀眾面前的大幕。火光閃動，引得無數的影像在牆壁上跳動、來往，背著各種道具，「他們通常也把這些情勢理解成生活而自我麻醉」，「各種材料製成的各種動物形象和影像出現在這座牆上」，「有些人在說話，有些人在沉默著」……這不能不說是一幅奇異的圖景，包含了各種奇形怪狀的暗示。不諳哲學的人，就像是困居的囚犯一樣，只看到自己和同類的影子，而這一切都是火焰投射的結果。而他們並未意識到這是一種虛像，而真正的實體也不會去理解和思索。於是虛像成為實在，而對真正的實在毫無所知。

　　黑暗中的人們並非毫無光明的希望。如果一個人恰當的運用理智，去看穿陰影的本質，去利用瞬間的理念光芒追求光明，則希望仍是存在的。然而，這個人也必然開始了痛苦和難以忍受的旅程。這便是智慧和哲學解脫的開始。

　　因心靈尋求光芒，也必受光芒之苦。哲學的解脫過程無疑是一個痛苦的過程。囚居者的眼睛已經適應了黑暗無光的環境，剛開始見到光明會非常的不適應並很容易被眼前的事物迷惑，產生駁雜的感受（正像明眼人驟然處於黑暗的感受）。但光明世界的一切也會在「思考更加實在的東西」而呈現在他的面前。於是駁雜的感受煙消雲散，剩下的是各個實體的存在。

　　探尋的「囚居者」最後將歷盡艱辛，他見到「善」，而觀察到的意念的陰影和理念之光清晰而明確，沒有任何迷惑性。「善」的最高最亮的實在全貌也將被看到。

　　洞穴外面的世界若為人所見，他立刻會覺察到洞穴內部的一切全部是欺騙。外部世界的自由快樂也成為他出洞後的最大收穫。假使他正是一個精通

哲學的治國者，他也會感覺自己最大的義務就是重新回到洞穴裡去，回到他從前的夥伴中間去，去給他們講實在與虛幻的關係，指示給他們解脫的道路——他一定會以極大的慈悲心理憐憫他們。但是，他這樣做幾乎是毫無結果的，脫離了陽光的本體，他的勸告變得毫無意義，自己的影像也更加模糊，在他的夥伴看來，他甚至比逃出洞穴以前還要愚蠢可笑。「自由」者對洞穴的回歸從一開始就是痛苦的。他會被束縛的人們看成瘋子，而他所證實的一切都將成為他被戕害的理由，改變洞穴中的同伴甚至會搭上自己的生命。

所以，「自由」者的命運是悲劇性的，無論他選擇哪一條路，都是危險的。離開洞穴，背棄自己的過去是危險的；放棄哲學的理想，自甘墮落沉淪地陷落到洞穴中去，也是危險的。真正快樂的人是愚昧的，而懂得世界本原的人永遠痛苦。擁有智慧也因此為之痛苦。

洞穴理論是柏拉圖雙重含義上的救助，包括自救和救贖他人。到後來他由於心理上的緣故，把自己在敘拉古的失意歸結在「其他人拒絕哲學，寧願待在混亂的幻象中。」在他的理論裡，哲學家要想成為理想的治國者或國家最終獲得解放，一定要走回頭路，和那些未曾見過真理陽光的人們待在一起。這是他國家理論的交匯點，即理解了至善與實在的人指導尚未開化的人，這是必需的。於是，這無疑便形成了一種矛盾——一方面，柏拉圖堅持這樣做的絕對性，他甚至堅持說，「如果神想要改變他的創造物的話，似乎也必須這樣做。」另一方面，他也隱隱知道這過於理想化難以執行（他本人正在此遭受了挫折，敘拉古之行的失敗正說明虛幻拒絕實在的道理）。正是這種「知其不可為而為」的犧牲精神影響了後世的基督教學者們。他們從這裡看到了上帝之子捨去肉身堅持傳道的理想。這也正是哲學對人類的「終極關懷」，它類似於佛陀救世、儒家治國的理想。

柏拉圖用「洞穴」隱喻哲學治國的艱鉅、偉大和痛苦。而柏拉圖對其到底是如何：放棄還是堅持，今人已不甚明了。

作為他的另一歌頌摹本——蘇格拉底，不可不提。柏拉圖在這裡顯然是在讚揚蘇格拉底悲壯的行為——他領悟了智慧，卻想用哲學的思維做「引導不可解救的人們」的努力，結果成了城邦法律的犧牲品；他了解了至上的存

在「善」的本質，堅持用德行和知識求解「善」的道路。蘇格拉底的行為體現了「自由」的真正含義，他擺脫了無謂意見的糾葛，努力追求真理。蘇格拉底雖然相貌醜陋，行跡邋遢，卻是不折不扣的至美；然而「舉世皆濁我獨清」──他的死正說明了世界不允許真正智慧和哲學存在的無情事實，他們處死了所謂的「瘋子」，表面上解除了威脅，實際上卻是真理的極大損失。柏拉圖相信蘇格拉底的行為必將會有回報。在哲學的路上，靈魂也必會昇華，而現實生活中，也會得到後來人的理解。

十、「善」與哲學治國

「善」即「至善」，在柏拉圖理論中，它創造了萬物，甚至創造了神，是時間的驅動者。而「善」也自然成為治國者行使最高權威的主導力量，但是以「善」治國並不能解決現實社會的問題，甚至會造成國家的無序而需要重新建立秩序。

柏拉圖的洞穴理論不由得讓人疑問，誰製造了這樣的洞穴？為何要製造這樣一個洞穴？如果有造物主的話，這一切將成為造物主的罪惡。因為是他創造了這樣一個令人痛苦而又絕望的場所。但「神為何要創造他不願意的東西？包括愚昧、無知和罪惡」。

柏拉圖注意到這個難以回答的問題，並解開了基督徒解說上帝時的不能自圓其說的地方。他用另一個重要的概念──「善」（後來也被稱為「至善」）來進行解說。善的解釋完全不同於我們現代人看待這個詞的道德意義。柏拉圖在解釋「善」時，首先引入了「分開的界限」的假說，即把整個實在劃分為「可見的」和「不可見的」兩個部分，在此基礎上，又可以繼續將任意一部分都劃分成兩部分。把它假想成一種包含映像的空間，當採取由低層次到高層次填充的時候，可以應用兩種思維──一是具體把握每一層面上的物質，二是把握填充層面上的物質種類。柏拉圖透過善將世界重新建構。在重新建構的世界中，我們在映像的指引下，將認識世界的本來面目。但這必透過心智和理智來把握。

映像想像的空間在柏拉圖那裡最終指向一種單一的本原。在這幅等級畫面中，整體是受單一的形式——一切形式中最高的形式的引導的。這種形式即被稱之為「善」。「善」，光照整體，如太陽照射大地。它創造一切的本原物質，指導一切。

　　「善」是一切之源，它創造了萬物，甚至神本身。而神並未創造萬物，只創造美好事物。柏拉圖認為，善是一切至上的最高本質。「科學」和「真理」的意義類似於「善」，它們只是「善」體系中的一部分。「善」是建立在世界多重性之外的本原，形形色色的理念並不是神單一創造出來的，它們中的一部分參與了神的組成。柏拉圖不提倡關注世界的多重性，而提倡關注世界的單一性，即「善」的一部分。這是一個哲學家應該認識到的。

　　《聖經》中的首句「太初有道」和柏拉圖的至善理論有著異曲同工的效果。在基督教的神學體系中，承認並膜拜冥冥世界中的存在的至理法則已經成為各教派恪守的原則。在這裡，柏拉圖的理論無疑和基督教的教義吻合在一起，並由其繼承下去，這是因為古希臘人的哲學體系大批地進入猶太人和閃族人聚居地成為當時流行的文化風尚，並且直接影響了基督教的理論體系。後人在研究哲學時無疑會注意到這個問題。「基督教是大眾的柏拉圖主義」，叔本華一語道出了兩者千絲萬縷的聯繫。

　　「善」，對於一般人來說是難以理解的、陌生的，因為一般人只能像囚犯那樣處於洞穴之中，而對世界毫無認識可言。

　　「善」的難以理解和無形狀特點使人們質疑起來。在這一點上，柏拉圖很謹慎，他告誡自己不要犯「褻瀆和不敬的過錯」。他在後來的《蒂邁歐篇》中借一個畢達哥拉斯學派的哲學家蒂邁歐闡述自己的觀點：

　　當創造萬物的至善所在看到自己的成果時，看到創造出的主宰者——神的影像時，他感到萬分的喜悅……他努力使他們更相似於原本；既然原本是永恆的，就應力圖使宇宙和宇宙萬物變為永恆，但把這樣的屬性賦予一個生物卻又是不可能的。於是他決心把這種永恆當做一種固定的存在……時間成為永恆而又依照數目而運動的影像。它們作為永恆的理念始終如一。時間在柏拉圖那裡被認為是由善來驅動的。而時間也只是在萬物運動時作為一個規

定作用。這是尤為讓人吃驚的。這必然使他推導出「無論何時善總是以太初的形式運轉著它的道，太陽、月亮以及其他的五個星球都是被創造出來用來規定、保持時間和數量的關係」這樣一個空洞得令人厭煩的論點。這樣一個論點的產生，來源於柏拉圖的「整一」靜態概念——他認為在星球內部，時間的數量是一定的，天體的運動便是時間以圖像的形式出現，或者說天體以自己的有規律的運動消耗著時間。時間作為事物運動的尺碼，已經被「創造的意志規定好在事物內部，作為創造的重要部分。事物運動源於它的自身。

「善」創造了萬物，在統治過程中，善的意義也極為重要。「善」是治國者行使最高權威的主導力量，柏拉圖是試圖建立這種學說的——「奴隸天生必然作為奴隸，治國者天生必將成為治國者」——國家的統治權應當賦予哲學家，他們是一切「智慧和善行為的熱愛者」。但是，我們應當注意到這樣一個語式的轉變，即在柏拉圖那裡，早先在《克里同篇》、《斐多篇》中的哲學家、智慧熱愛者不再是謙遜的追求者，而是驕傲的真理的占有者，更是一位訓練有素的辯證學家。他具有心智上的直覺力，他無疑要行使政治上的支配力，「可以看到永恆神聖的形式和理念並能夠與之交流。他被置於所有的普通人之上，不論是他的智慧還是他的權力」，這也將是「近似神，並完全有類於善的」。《國家篇》中柏拉圖理想的哲學家接近全知全能，他是哲學乃至一切領域的人間王者。柏拉圖是驕傲的、極端的，如上帝般希望帶給世界光明，他的老師蘇格拉底則是平和的、謙遜的、多思的，他像十字架上的耶穌，儘管代人類受過，卻從不會拋棄人類。這便是兩個人的最大差別。

柏拉圖《國家篇》中的蘇格拉底，提出了「聰明人」這個概念，即衛國者。他們並非是《智者篇》和《普羅達哥拉斯篇》中的「真理占有者」，「完全合格的哲學家」。而培訓「衛國者」的教育理論，實際上是一種純粹人種主義。後代十字軍戰士、玫瑰——十字架沙龍都從這裡汲取了「養分」。而真正的教育法其中包含大量的詭辯成分。這個問題的解決方法是，「只需宣稱聰明的統治者足以聰明到憑其聰明來選擇最優秀的人做他的繼承者，並決定自己及其他人的生活方式——若他認為並不能滿足心靈的指示，也可以用剝奪生命的方式顯示善的權威——不必有任何的顧忌和怯懦」。這暗示了一種觀念，在過去、現在、未來，必存在林林總總的人為環境，其中一定有一些可以左

右整個社會發展的進程，更應該存在可能破壞國家未來穩定的、偶然發生的事件。這種理論的宣揚給政權的投機分子以極大的暗示。如果一個人從著名的哲學著作中找到這樣的「說教」理論，將其制度化，那麼他們在極短時間內控制局面的慾望將會「實現」。而歷史上最典型的例子莫過於二次世界大戰中的「人種謊言」。

烏托邦為後代人追求「理想」構造了藍圖。後代的烏托邦主義者從柏拉圖借鑑的模式必然包括集權統治，結果導致獨裁也在情理之中，他們與柏拉圖的烏托邦在此的相似性大大削弱了他們之間的不同。歷史一再證明，精神意志式的統治是一種最為令人不快的政府形式，即使是那些仁慈的獨裁者也將面臨的嚴峻困難（曾經有些犯政治幼稚病的人呼喚仁慈的獨裁者，事實證明，「仁慈的統治」並不能給國家帶來福祉），即難以了解他的措施的效果是否與其良好的意願相符。於是，通常的情況便是，這位仁慈的獨裁者不容易聽到人們對他已採取的各項措施的抱怨。給社會造成了疏於管理的流弊，最後發現與預期設想的仁慈目標簡直背道而馳。烏托邦出現這種現象將會導致整個國家秩序的混亂，統治者在充分被信任的情況下胡作非為，靡耗、貪汙，直到新的強權人物出現來重整秩序，進行新的秩序循環。

十一、有關《法律篇》

《法律篇》作為《國家篇》的輔助是不可或缺的，它們共同構造了「理想國」。《法律篇》中，柏拉圖以立法者的地位存在，對城邦法律的制定和實施進行探討。

《法律篇》是柏拉圖最後歲月的著作。它是《國家篇》的輔助，具有十分重要的意義，因為在這裡柏拉圖並不耽於政治哲學，而是把思考點轉向政治。

《法律篇》的地位在許多現代人的眼裡並不高。他們認為柏拉圖此時已經江郎才盡，對自由、詩歌、哲學已經沒有建樹，所以轉向法律，尋求他的治國之道。實際上，《國家篇》之所以著名，其中描述的理想國形式之所以為後世所看重，完全是因為柏拉圖為其安置了詳盡的法律，使這個國家上升

為一種可以施行的體系。「理想國」作為一個整體，是由《國家篇》和《法律篇》共同完成的，所以缺少《法律篇》，「理想國」的談論也就大為失色。

立法者的角色由柏拉圖來扮演，這也是柏拉圖似於「七賢人」的地方。七賢人即：普里安的拜阿司，斯巴達的凱倫，林都斯的克里奧布拉斯，科林斯的佩里安德，密提立那的庇達卡斯，雅典的梭倫和米利都的泰勒斯。

《法律篇》由三個人的對話構成，發生在克里特島三個人去宙斯洞穴和廟宇的途中。三個人是：陌生於環境的柏拉圖、叫克萊亞斯的當地人和叫梅吉魯斯的斯巴達人。三個人的話題是對一個新殖民地用什麼樣的法律。

柏拉圖在此提出治理城邦的最重要原則：法律與治國之道契合。最好的方法是在「有哲學意志」的人當中推選一位溫和派的國王（僭主）和一位對公眾負責的立法者（這必然讓人聯想到他在敘拉古狄奧尼修斯和狄翁身上所做實驗的想法——狄奧尼修斯和狄翁在形式上正符合了僭主和立法者的特點）。文中所有內容是想盡力描述這樣一種景象：理想國是沒有內部摩擦和外部戰爭（這改變了他在《國家篇》中宣揚黷武以強兵的觀點）的聯合體，無論土地多麼廣大、人口多麼稠密，都不能向外擴張。這是一個共同勞動的國度，全體成員必須團結合作創造城邦。沒有擴張、侵略的國度正可以反映出柏拉圖對現實戰爭的厭惡，諸如希臘半島和愛琴海沿岸的紛爭。他認為導致雅典衰落的根本原因在於伯羅奔尼撒戰爭與提洛同盟和伯羅奔尼撒同盟破裂，而最好的解決方法就是放棄土地、權力的爭鬥，回歸到「原始」的農耕狀態。城邦土地必須按人頭分配，大家共同勞動，財產必須公正分派。如果由於海外市場帶來一些私人財物，立法者也允許這個事實，但財產須重新調整。

基於理想國的體制，柏拉圖也將這個新城邦的婦女和孩子視作共同財產。製造完善和美的秩序的前提是，使用一切手段，奉行不怠地從國家體制中排除私有制，限制發言和所謂的辯論和智者的存在，使廣大居民樂於遵守盡可能使城邦團結一心的法律，這樣做的結果就是「對於什麼是至善，絕不會有人去尋求比目前這個更正確或更好的定義」。史賓諾沙評論柏拉圖的法律道，柏拉圖是對雅典現行制度的嘲笑。作為雅典公民，柏拉圖尋找著至善方向。

十二、有關城邦的建設與土地分配

城邦建設基於克里特島的地理特徵。在城邦的公有制基礎上，土地分配權和所有權屬於城邦，而公民透過繼承、世襲擁有土地使用權。

城邦建設必須以土地為依託。對話中，克萊亞斯提出了「克里特殖民地」，所以必然圍繞克里特島的地理特徵進行描述。整個國家被合理劃分成五千零四十塊，從城市中央向外輻射的十二個部分。城邦中央為克洛提、亞宙斯和雅典娜的神廟。一個像雅典阿提卡市場那樣大的市集占據城邦中心的位置。市政廣場（廳）是城邦很大的建築，用以滿足公民大會的需要。

城邦土地實行公有制，每個公民都擁有自己的一份，主要透過繼承、世襲世代擁有。但土地最高支配屬於城邦。土地不能出售，公民也不會變成奴隸。所以也不會出現聚斂土地的壟斷階級。這樣的土地配給制度顯然有助於土地合理使用、人口的穩定和城邦安定。

十三、有關財富的分配

財富對這個城邦的人是沒有快樂可言的。而除此之外，任何野心、夢想、情感等個人事物都在這個城邦無處可尋。公有制的極力執行必然導致城邦人的痛苦生活，而這與柏拉圖建立理想國的最初目的是相悖的。

財富積累在城邦中是違法的。這讓我們很難想像其執行的嚴格性。為此必須做好這樣一些工作。首先，控制金銀的占有量，任何公民不得擁有金子和銀子。城邦的貨幣將以官鑄的鐵條、鐵塊的形式取代通常使用的金銀貨幣，任何人都不得獲得或積攢自己土地自然收穫四倍以上的財物，否則多餘的部分以充公抵扣。其次要消除貧富差距，由於每個公民都擁有一塊土地，同時不允許荒廢，這樣也已經成為可能。再次，由於制定了維護城邦穩定的法律，對財富的慾望將為之消弭，一切違背城邦需要的追求將被勒令禁止。財富和權力不是令人快樂的，而內外紛爭和黨派傾軋也不復存在。

這個夢想美好的國度，如今讓我們看起來卻如此失望，因為在這裡做不成任何事：想賺錢致富或想攫取政治的人將受到懲罰；想創造些智慧性的作品，諸如音樂、詩歌和繪畫，不是嚴加限制，就是遭到整齊劃一的刪除，毫

無創新性可言；想追求愛情、安逸地生活，卻隨時可以發現有別的男性公民合法地睡在自己妻子的身旁；保衛國家的事情除非是在外敵入侵的情況下才可能發生——因為城邦已經放棄了開墾疆土。柏拉圖給以我們的承諾似乎成為妄言，「生活快樂、友好相處」只是他的一廂情願罷了。

十四、有關社會體系

公有制的施行和等級制度的實行，顯得矛盾和可笑。理想國極力追求公有以削弱人們之間的差異，卻將等級劃分得十分嚴格，以區別人與人的不同。集體與私人在兩種制度的施行下也顯得模糊起來。

至善至美是柏拉圖的追求，但經過他設想的理想並非至善至美。政治體系也相當保守刻板。這種企圖用限制發展的策略避免惡性競爭顯然是不合理的。柏拉圖的聰明之處在於他了解人的弱點，而失敗在於對人弱點的封殺。

公有制與社會等級的同時存在顯然是柏拉圖自我矛盾的所在，同時也是他與當時政治制度的矛盾。建立在私有制基礎上的公有制顯得荒謬起來。

作為一個私有制基礎上的公有制城邦，統治階級的身分也是矛盾的。在城邦統治集團由全民大會擔任。在全體城邦居民中存在著四個階級，他們各自履行著不同的榮譽和義務。階級差別既不能太大又不能太小。男人和女人一視同仁。這些在當今仍是難以實施的。

婚姻「公有」，必須符合城邦的利益。對於婚姻的權力，當事人是沒有的，屬於全體公民。決定婚姻的最後權力並不在他們自身而在於城邦的元老院。婚姻的追求在城邦的利益的對比下顯得過於微弱可憐。

外來居民和奴隸允許進入城邦作為城邦居民，他們應補充進本地人不屑從事的手工勞動和商貿活動；至於奴隸，他們既是個人財產，更是國家財產。作為國家基層勞動者，他們被分配到土地上勞動，交賦貢以保證城邦的物質需求。

十五、也談城邦的極權主義本質

在理想國，統治集團由督察員、元老會和公民大會組成。「秩序」和「正義」是城邦中的至高原則。做為一個集權統治，「個人意識」沒有生存的空間。這是一個多麼矛盾和混亂的集體，為後人留下的除了集權的引誘外，便是世人的長嘆！

柏拉圖理想國作為一個極權的城邦。其統治集團自然十分龐大，政權機器也是相當複雜的。核心組成部分是：三十七位法律督察員、元老會和三百六十名公民大會代表，其他管理機構和人員包括：祭司、女祭司、城市管理會、法官及陪審員。產生原則為世襲制與推舉制相結合的方式。統治集團監管最大表現是：城邦中人約束自己的行為也監管其他居民行為，而成為「自律制度的受動者」。使城邦事物處於優良引導下是管理者的工作要義，他們的另一重要任務是使城邦發展有條不紊，確保公民和社會體制得到監督和保護。

晚間元老會作為統治者祕密會社的形式，是為了確定城邦的原則符合公民的共同意志，保證法律和制度的切實履行。執政集團必須定期進行例會，目的也在於此。這種會社的組織形式必須由十個年老的城邦督察員和德高望重的公民以及一些優秀的年輕人組成（不得低於三十週歲）。他們應該在每天黃昏時分舉行例會，以造成協商重要事宜、穩定秩序的作用。柏拉圖同時指出，這種思維密集的執政形式可以使執政集團及時了解公民群體中的分裂傾向，確保城邦法律的最佳狀態，獲取和參照善的規格。晚間元老會作為城邦堅實穩固的知識基礎保證，意義十分重大。

晚間元老會是柏拉圖對早期「哲學王」執政的退讓和妥協，這也代表了他治國思想的深入完善。他指出，「真正公正和具有德行的城邦必須具有理性，且只有在達到理念需要形式的時候才會出現」，強調了監督的作用。

城邦的集權形式與「秩序」和「正義」至高無上的地位密不可分。在城邦法律中，「秩序」和「正義」被柏拉圖反覆強調。另一個方面，一個穩定的城邦必定是能夠自我約束的，它能夠從機體中排除那些異類分子和善變的

因素，如果可能的話，盡量剔除變革——即便是一貫採取的保守制度也比嶄新的制度合乎發展的需要。這種說法來源於柏拉圖根據希臘社會現狀的構想——當時希臘的諸城邦秩序混亂，戰禍連綿，在雅典遭到敗績之後，斯巴達也陷入了衰落的厄運，造成城邦體制頻繁變換，人心不穩。基於希臘和斯巴達的衰落，柏拉圖總結道：最少變動的制度和整體才算是最好的、最完善的。異己分子，「懷有異心」的人是不被看好的，諸如普羅達哥拉斯之類都應被剔除。這樣做是為了城邦的集體利益，最終使全體城邦人員成為追求一個共同利益的單一整體。

最高統治者真正的政治藝術是將「全部心神投入到彙集城邦全體人的利益，而非個人私利。他的作用是要引導忠誠，把人們靈魂中的忠誠和善的表現誘導出來。柏拉圖進一步說，在遠古時代的克里特，人們遵從主神宙斯的召喚，為城邦的建設盡心竭力，而城邦的發展也盡如人意；但當他們只顧個人利益時，便腐蝕了國家管理集團，最終導致城邦衰敗和滅亡。

如果一個人在治理城邦時只相信公民會自覺的履行義務並能自發的協調相互利益，他必然會失敗。因為他這時會對私人事物不以為然，縱容個人自私的膨脹發展，而對私利限制也沒有具體的規範。

柏拉圖政治思想不能消除人的「個人意識」，也因此，「個人意識」必將對他的政治思想提出挑戰，並最終擊敗它，甚至包括整個柏拉圖思想體系。然而，柏拉圖的法律體系卻乏味得難以建設起來，毫無疑問，它不可能幫助後希臘時代建設完美至善的城邦體制。產生這種謬誤的原因在於柏拉圖頭腦裡存在著正統主義的特殊力量，一種極為強烈的情緒在《申辯篇》、《克里同篇》、《斐多篇》中，我們看到了它，被它感動過，但是現在不能不給予它激烈的批評，對它進行譴責。正統主義使得那些自利的人如入無阻之境，而真正的上進者則陷入不安境界。這是柏拉圖思想的痼疾。當然，這也很容易使那些敏感、民主的人察覺。

《法律篇》的實踐性被學者們肯定。在這最後的對話遺作中，柏拉圖運用他最成熟的學說，以系統的非神話借喻的方式闡述了「神的意志」，並提

出一套完善的政治和法律模式。柏拉圖的政治制度對那些追求極權統治的人來說無疑是最好的飲品，而對於廣大群眾來說，是很難理解接受的。

閱罷柏拉圖的理想國，必然讓人覺得「理想」也並非「理想」，它只能作為政權窺視者的宣傳教材而鮮有進步意義。它與蘇格拉底的人性化理論形成了強烈的反差，在柏拉圖自己的對話裡出現的蘇格拉底曾經激烈地警告僭主和政治掮客們小心約束自己的政治控制慾望，不要將個人智慧和精神凌駕於其他人的意志之上——為此，他不惜犧牲自己的生命，去制止忘乎所以而達到的危險。「哲學王」的治國顯然歸於失敗，而柏拉圖宣揚的「至善」、「正義」等許多美妙的言論也空虛得讓人失望！而從蘇格拉底的諷刺、理性到烏托邦無一不在講述著哲學的「謊言」。

第六章 柏拉圖與自然哲學論

　　《蒂邁歐篇》和《克里底亞篇》集中了柏拉圖自然哲學論，尤其是前者。但這本書空想遠遠大過事實，邏輯錯亂，語序顛倒。羅素評論道：「裡面顯然包含著很多簡直是愚蠢的東西」。黑格爾說：「當達到具體說法的時候，好像又有了一個新的開始……困難在於其哲學內容和文章結構本身。」這本書雖現實意義不甚重大，但在柏拉圖以後的兩千年間，它決定了早期和中期絕大部分歐洲人的宇宙觀，甚至很長一段時間，它和亞里斯多德的《論天篇》被當作基督教的全部講義！作為歐洲人曾經奉行的經典，它的另一重要意義在於今人研究古人的宇宙觀時可以從中略知一二。

一、元素──動物

　　世界是如何構成的呢？柏拉圖一向喜歡把事物數理化，他闡述了三角形之外衍生的四種元素：火、氣、水、土，每一種都與另一種構成配比機率。它們最初並不是合成宇宙的元素，這似乎是柏拉圖借蒂邁歐之口在闡述他的自然界基本元素的生成理論。

　　世界的構成一直為世代人們探尋著，在《蒂邁歐篇》中，柏拉圖借蒂邁歐之口講述了大段的玄虛理論及創建時空，而後，便開始了他的世界生成理論。原始世界是混亂的，當今與柏拉圖對此認識仍是一致的。柏拉圖認為，混亂的元素被神按照善的指示安排順序，進而形成了宇宙。他認為世界最初由兩種呈三角形的奇怪物質構成。一種為等腰直角，一種為六十度直角。由於這兩種三角形是最完美的形式，體現了善的意志，所以神用它們來塑造萬物。同時神以「形」和「數」來塑造萬物形態，使不完善完美的狀態變為完善完美的。柏拉圖接著便論述是神創造了萬物，還是善創造了萬物？而令人無法想像的是，世界竟源於純理念！宗教和神祕學派認為，世界和生命是有罪的，他們宣揚「救世」，但作為全能的創始者為什麼製造惡，而又不遺餘力地去整救它們呢？這是任何宗教和神祕學派都難以自圓其說的問題。

柏拉圖似乎對這個問題進行本能的迴避，他的傳道者蒂邁歐並沒有細論這個問題，而是開始了由三角形之外衍生的四種元素進行討論。世界應該是有形體的、看得見的、可感知的，但是沒有火和土，就不會被感知和被觸覺，所以在世界伊始，這兩樣東西便存在了。而上述兩種物質沒有第三種力量便無法連接起來，無法形成一個整體的結構，它們之間的聯繫紐帶就是理性和「邏各斯」。近代的等比公式「$a:b=b:c$」被柏拉圖納入了四種基本元素的結合和生成。土和火是兩個極端，堅實的和有生命的極端，在兩者之間產生了水和氣。柏拉圖利用畢達哥拉斯的「公式」，認為一旦它們合為一體，兩種特質便共存於同一物質內。

　　由此，我們從中得到一個配比結論：火比氣等於氣比水，等於水比土。同理：氣比土等於火比土和土比水。四種元素以最完美的形狀出現為火（正四面體）、氣（正八面體）、水（正二十面體）、土（正立方體）四種形式。承接上述兩種完美三角形的觀點，他又指出這兩種三角形可以組成五種正多面體中的四種，這四種即被用來組成關鍵的四種元素，而四種元素中任意一種的任意一個原子都是正多面體。古希臘人研究正多面體最重要的論斷是歐幾里德提出來的，柏拉圖又在他的《泰阿泰德篇》中複述了一遍。在正四面體、正立方體、正八面體、正二十面體的基礎上，人們又發現了正十二面體。但傳說柏拉圖的學生泰阿泰德說只有五個正多面體，而正十二面體是第一個，這當然是錯誤的。

　　「神是以勾勒宇宙的方式畫出了正十二面體。」柏拉圖對正十二面體青睞有加，他相信它是宇宙最好的形體，他曾希望他的宇宙論與正十二面體發生聯繫。如果從最直觀的角度理解的話，柏拉圖無疑是在暗示宇宙是一個巨大的正十二面體，但這正與他在同一篇說：「宇宙是一顆球體」是矛盾的。看來柏拉圖並未把宇宙的形狀歸納清楚。

　　宇宙最初的基本元素沒有確定的物狀，而是一種渺茫的狀態。水、火、土、氣也只是後來衍生物而已。我們可以理解的範疇是，它們並不是以這樣的形狀自始至終地存在，這似乎是柏拉圖在借蒂邁歐之口闡述他的自然界基本元素的生成理論。但是理念的陰影依然存在，他不失時機地說，「理解本

質是否這個名字，心靈和真正的意見是否一個東西」。最客觀地理解他的意思就變成——「如果一個人透過哲學認識到理解世界本原的能力，並能透過他的靈魂看清理念的所在，那麼他是會理解這一切的」。另一個隱含其中的內容是，柏拉圖還是在進行現實世界與超現實世界的界定，只不過連他自身都沒有把握是把宇宙劃歸到現實世界還是超現實世界。在任何歷史上，「神創造世界」都是人類心靈揭示自身存在價值的一個形式，按照後來笛卡爾關於理性規律的解說，「以創造的初衷研究被創造以後的世界」才是我們的行動目的，才是「完美的至善」。一些人認為，似乎只有來世，只有在一位全能者的統治下，這才有可能。當然這只代表部分有侷限性人的觀點。另一些人則毫不理會，他們不會因為這個必然性而放棄進取。

二、古希臘人眼中的元素說與圖形說

柏拉圖用神、鳥、魚和陸地上的動物說明世界的存在，他從歷代哲人那裡汲取了營養，但並不妨礙對他具有豐富想像力而經驗知識稀薄的論斷。即便如此，我們也沒有權力去嘲笑這樣一個提出眾多現代人仍無法解決的問題的大哲學家。

古希臘的科學與玄學是沒有分離的，因此古希臘的科學家學說中有許多臆造的成份。這成為神學、星象學、神祕主義的營養品。

畢達哥拉斯是古希臘數形概念的集大成者，他的思想學說都以數形的概念出現，體現規律和諧的主題。他是人類歷史上第一個系統研究數理和圖形演繹法的人。畢達哥拉斯賦予不同的圖形以各種意義。畢達哥拉斯學派的最重要圖形是五角星形，它被認為是一切圖形中最神祕的圖形，代表著古代玄學教派清修和苦行的念力，也被看作幸運與吉祥的象徵。三角形象徵冥想，六面體象徵宇宙，這是其他圖形象徵的涵義。

世界本源到底是什麼？古希臘眾多哲人對其進行了研究探討。泰勒斯說世界是由水構成的，赫拉克利特說世界是由火構成的，阿那克西美尼（泰勒斯以後的米利都學派代表）認為「萬物都是由氣構成」，畢達哥拉斯說「萬物皆數」，恩佩多克勒綜合前人的說法，提出了萬物都是由「四行」——土、

水、火、氣組成（這是一種折中的集大成者說法，後代占星學的觀念盡來源於此），阿那克薩哥拉稱萬物的基本結構都是「奴斯」，巴門尼德和愛利亞學派認為世界是「整一」，原子論者留基波和德謨克里特認為任何物質都是由原子和空間組成的等等，蘇格拉底是眾多學派的指責人，他雖然深入研究物理，卻不關心科學。無疑這是個令人費解而又好笑的現象。

柏拉圖的「傳道者」蒂邁歐在說明世界存在時，認為世界包含：神、鳥、魚和陸地上的動物等四類動物。構成神的主要元素是火，恆星就是一種神聖的、永恆的動物。陸地上，月亮上，各個恆星和星座上都存在著生命。主神在接受善的意志自覺地產生出來以後，就創造出了眾神，並用自己的威力震懾眾神，使他們不可胡為。他賦予他們創造其他生命的能力。不朽的部分（靈魂包含感覺、愛情、恐懼和憤怒）都是由主神創造的，而可朽的部分（肉體）則由眾神去創造。值得商榷的是，柏拉圖筆下的蒂邁歐本人對此也無十分把握，只是隱約地用想像的話語說出，不能提出細節。每一個閃爍的星體同樣有一個靈魂存在，奇妙的是，每一個星體與地上的一個人在共用一個靈魂，柏拉圖在此對女人有不平等的觀念。這與其在《理想國》中將女人處於統治階層有些矛盾。他認為人如果行善，克服靈魂弱點及時領會哲學，則他們死後上升到星座；而作惡的人則變為女人，如果他依舊作惡則變成畜生。這種輪迴概念類似於佛教的主張。

男人是神最先創造的，依照神的樣子，而後創造女人和男女混合體。在創造的時候，一些失敗品的人類在本質上是無知和輕率的，他們立刻就被轉塑成鳥類（柏拉圖認為頭髮是理智在身體內部的表徵，而羽毛、皮毛也是低等動物智力低下的說明）。低等動物是由「思想中缺乏哲學」的人變化而來的，前世越是遲鈍，今生就越為低等，越來越近於無知覺的單純性生物。最愚蠢的動物是魚和貝殼。主神和蜥蜴是一切動物組成的鏈段。

豐富的想像力和疲乏的知識是柏拉圖自然哲學的特點。雖然現代基督教神學是他理論的延續，但科學卻絕對和他所說的南轅北轍，甚至更多的人覺得他是在胡亂地痴言妄語。但是一旦按照文化史上對自然科學的解釋來看柏拉圖的自然哲學的客觀作用，那麼這必定是有意義的，因為他在很多方面還

是深刻而重要的，比如他闡述的生物分類學和心理學論點，既是對以往學說（畢達哥拉斯學派）的總結，又是他引申自己學說對其進行的設想。至於其中到底有多少畢達哥拉斯學派的東西，這並不是關心的重點，但還是應該承認其在柏拉圖全部思想中的重要地位。柏拉圖哲學中涉及的很多問題，我們當今仍無法解決，所以我們也無權對柏拉圖一些可笑的觀念進行嘲笑，否則我們便是嘲笑自己的無知。

三、宇宙——創造

宇宙孕育了世間萬物，就像上帝創造了亞當和夏娃。宇宙的創造性在柏拉圖看來，是善的行為創造了主神，他進一步又創造了包含次神在內的宇宙萬物。神和善有如太陽和光明，它們無處不在。

《蒂邁歐篇》的主講者是一個異派哲學家，名為蒂邁歐，是西西里的畢達哥拉斯主義者。他取代了蘇格拉底曾經的位置，這也說明柏拉圖對畢達哥拉斯學派的重視。其餘兩個討論者是：柏拉圖的叔叔三十僭主的首腦克里底亞和原子論者德謨克里特。《蒂邁歐篇》雖然是理想國失敗的翻版佐證，但它其中的「亞特蘭提斯」卻被提及並廣泛流傳。

德謨克里特認為，空間和原子組成了宇宙萬物。依靠自然力，原子以緊密的次序排列成一切物質的原形，依此類推，星球、人體、生物，甚至靈魂都由此構成。他提倡「第二層秉性」，即知識來源於主體的自我認知過程中，是憑藉觀察和思想得到的，不依賴客體官能存在。柏拉圖並不認同他的觀點，曾想把他的作品放在火中全部燒掉。

《蒂邁歐篇》以「蒂邁歐」游移不定的語言開篇，柏拉圖借其提醒人們，永恆和變動、不變和常變、固有和流動的分野，是世界本質的區別。大凡不變和固有的，都是可以被理性和理智所認知，變動的、理念所產生的意見是被我們的感官所了解的，其迷惑性就在於它不是永恆的，而是被至上的真理——「善」，所驅動的，或者是被神的意志指揮的。在柏拉圖的學說裡，是善的行為創造了主神，他進一步又創造包含次神在內的宇宙萬物，用永恆的模型塑造了宇宙及世界萬物，創造了太陽、月亮和別的五個星球，為的是

保持時間和數量的關係；空間便是事物的形式，而時間是善的造物原則，是蘊藏在事物內部的原動力，空間是官能世界產生感覺的本質，其特性就是產生不同種類的圖形；但由於理念和意見的差別性，我們常被自己的感官所欺騙。真正使我們和「世界本原」產生偏差的，在於「理念」和「意見」的共存，我們也因此而無法接觸到世界的實質。而神並不會阻礙我們認識世界，他盡可能按照善的意志安排萬物，盡可能的讓它們美好。神也因此不會被自己創造的東西矇蔽。

「蒂邁歐」在這裡肯定了善，除了神之外的善。我們可以理解為這是柏拉圖的觀點。神的作用並不僅是創造世界，而是按照宇宙本原——「善」的意志進行組織，把預設的材料加以編排。在這裡，我們很明顯地可以得出結論：柏拉圖意想中的造物主是和以後一系列宗教中宣揚的造物主有本質區別的。在基督教的理論中，神不僅創造了這個世界，還進行了具體分派，指示自己的親信加以深入管理，這就形成了一套管理體系，而柏拉圖的宇宙生成論毫無體系可言，只是自在使然，更是哲學上的而不是政治上的。最終，世界創始思想在基督教神學家和普羅迪諾的填充下完整起來。

在善神關係上，柏拉圖是這樣闡述的：善是光明，神如太陽，光明無處不在，太陽可見唯一。在善與神的關係確定上，神做好一切善的安排後，安裝靈魂便成為神迫切而重要的大事。靈魂自創造後，就由「可分——可變」和「不可分——不可變」的兩部分組成，其被解釋為第三類的與中間性的一種本質。神把理智放在靈魂裡，又把靈魂放進每一個身體，因此，每一個人都是「自在的哲學家」，整個世界變成了一個充盈著靈魂和理智的龐大動物。世界只有一個——這完全推翻了前蘇格拉底哲學家們「有幾個不同世界」的口徑，神不可能「讓兩個以上的世界存在，因為那背離了他設計一個淋漓透徹的、最符合善的本質的初衷」。靈魂與肉體結合在一起，世界轉而成為一個充盈著理智的世界，靈魂變成了連接理智與肉體之間的紐帶。次要的神是這樣按照主神的意志來安排靈魂的：把精神的東西放在腦海中，把純淨的靈魂置於胸腔。同時在心靈旁加入肺。肺充滿孔穴、柔和，使心感到涼爽、順暢，從而使情感完善起來。

柏拉圖用數學理論來闡述靈魂的結構創造，這讓迄今為止的許多哲學家和神學家不解，這也正是其可怕和可笑的原因。在他的理論中，神在創造世界時，從世界的本原先取出一部分（1X），再取出前一部分的 2 倍（2X），最後取出第一部分的 3 倍（3X），接著神又取出第二部分的 2 倍（4X）、第三部分的 3 倍（9X）、第一部分的 8 倍（8X）和第一部分的 27 倍（27X）作為第四、五、六、七部分。於是便形成了這樣一個序列：1：2：3：4：9：8：27。神用全體中割下的其他部分來填補他們之間的空隙，使得每一個比例之間均產生出一個介於兩者的中項，例如在「1：2」之間存在「2 的平方根」，它小於 2 大於 1，依次類推就產生了新的比例關係，因為比例中項之間也必須滿足這個關係──直到第五部分和第六部分之間，這都是容易解決的，因為「9：8」的比例關係不能破壞，還要在另外的比例中項之間尋求新中項又不能打破原有的比例關係，這實在是一道數學難題。柏拉圖接著說，神把做成的靈魂體系按照長度分割成兩個部分，並使它們交叉成為 X 型，使其兩端彎曲成為圓形，處於同一勻稱的運動中，靈魂外部的運動以自身同一體運動，靈魂內部又表現出與外部相反方向運動，這種順時針和逆時針運動都呈現圓周規律，在不同的部位圓周的速度並不相同。一切有形體的東西都在靈魂的內部，整個系統由靈魂作為核心，包裹在一個永不停止的合理外殼之內。柏拉圖描述靈魂類似於星系的研究。最重要的物質放在星系中間，軌道不同，星辰之間的距離也不相同，星辰不同速度源於星帶和星軌的不同，同時，星系外部和內部的轉動方位差異也很大。

「三位一體」理論即是柏拉圖的「善、神、靈魂」，三者之間存在差異，依次類推。後來，羅馬時代的新柏拉圖主義哲學家普羅迪諾用「太一、精神、靈魂」重新解說它。太一，即可以等同於善，也可以是被認作先於善存在的東西，它既可以不出現在任何地方，但必定存在於任何地方；精神，普羅迪諾認為它等同於心靈（由此可以看出，從柏拉圖到普羅迪諾及後來的基督教神學，誇大精神作用是一脈相承的）或「邏各斯」（理性，絕對意志），這是我們與神最接近的一部分；靈魂，他是生命的創造者，由精神作用他創造了可見的世界，普羅迪諾彌補了柏拉圖對話中關於可見世界存在必要性的缺失部分，即：靈魂有兩個方面。一方面，對內的靈魂受精神引導，存在於各

種生命體內；另一方面，對外和對下的靈魂，它創造流變、虛幻的物質世界，並可以使人墮落。它可以下降到任意的生物體內。

三位一體的普遍性源於它話題的古老，許多學派都或多或少的存在「三位一體」的理論。通常看來，「三位一體」的含義包含三層關係，分別為原始神、主導神、即身神的關係，例如基督教的三位一體是聖父（宇宙間最高原則體現者）、聖子（實踐聖父意志的人，即通常所謂的基督）、聖靈（受信仰感化，直接進入心靈傳道的力量），佛教的三位一體是佛、法、僧。基督教「三位一體」的溯源和解釋便是柏拉圖和普羅迪諾的三位一體思想，難以想像，如果基督教和其他另一些宗教成分中剔除了這些部分會變成什麼樣子。柏拉圖之所以為異教徒和神學家所推崇，因為他的對話可以讓他們心靈顫抖。他們的思想均源於柏拉圖，這也是柏拉圖對基督教的重大影響所在。

最初，宇宙是無序狀態的，流動、無形，只是混沌的膨脹體。而這種無序因為神在善的指導下進行創造而改變，於是有了秩序和目的。世界（整個宇宙）的形狀是一顆球體（古希臘人認為，球體是最完美的幾何形狀，在以後的千餘年時間裡，歐洲沿襲這種說法，把宇宙說成一顆球體的狀物——現在看來，我們不得不遺憾地說，這大部分是從美學角度出發，而沒有經過多少實踐上的驗證）。太陽、月亮、星星、蒼穹都是有生命的高等的動物，都是球體，同時裡面也包含著一切非生命的元素，雖然它們沒有頭和腳，但球體的形狀使它得以唯一的運動形式——旋轉，圍繞著善的目的存在下去。世界最初的創造是穩定、和諧的。所以它不會解體、衰老和滅亡。

時間與天體是同時出現的。在太陽的帶領下，有了日夜交替，動物才會學習。而神是太陽的創造者，所以也是動物計算的真正本原。在這之前，日夜、月年、時間空間都是不曾存在的，但它們的創造卻給了世界以永恆和流變、相對的概念，從而有了哲學，引發了人類深層次的思考。由不可知尋求可知，由流變尋求永恆，這正是理念以外的感覺世界給我們的最大恩惠（柏拉圖的時間空間理論，代表了古代意識創造世界思想的大成，後來成為基督教神學創始教義的發軔。

文藝復興以後，柏拉圖的理論在牛頓與萊布尼茲那裡產生了分歧，牛頓認為空間與時間，是靠了上帝的意志，在它們自身之內獨立存在著的，與領會它們的心靈無關，也和充斥其間的物體無關；另一方面，萊布尼茲卻以為空間與時間是從我們對實在物體的關係的混亂感官知覺中抽象出來的經驗性的概念。大哲學家康德介於牛頓與萊布尼茲之間。他既沒有不可改變地把空間與時間同肉體感官材料歸入一類中，也沒有把它們和悟性的概念歸入一類中。在現實社會生活中，就具體的變化，我們對時空的意識是存在的。而在物理上，我們並不能肯定時空是否具有純哲學上的實在性）。

　　古希臘人有極高的數學和天文學造詣，這使他們比同時代其他民族的數理氣質更優異。在那個時代，他們已經能夠較為準確地推算出日食和月食的大致時間（泰勒斯，米利都學派哲學家，西方哲學公認自泰勒斯為濫觴，他的最著名的論斷是「世界是由水組成的」），並推算出二的平方根和立方根（這極有可能就是阿卡德米學院的貢獻），發現了一系列無理數，限定了奇偶數，並展示出「窮舉法」（此兩項均為數學家攸多克索的貢獻；在幾何實踐學上能夠根據影長和距離測量實物長度，泰勒斯曾根據此法測量大金字塔的高度）。希臘人很早就鑒定星體是球形（畢達哥拉斯是第一個認定地球是球形的人），畢達哥拉斯同時還指出行星運動的週期性，概括了圓周運動的特點；無神論者阿那克薩哥拉認為太陽和月亮不過是「燃燒冒火的石頭」和「會反光的石頭」；柏拉圖學院的赫拉克里特關於黃道的發現是劃時代的一件大事，後來的基督教星象學家依此把我們這個宇宙劃分成多個範疇；至於希臘時代天文學最後的一位重要代表，是生活在埃及亞歷山大里亞學派的托勒密，他寫作了支持西方神學天主教地心說的《天文學大成》。希臘的數學家、天文學家也是科學家、玄學者，他們的學說中有極為荒謬的東西，但在兩千五百年前，已經存在這些粗糙的理論也是極為讓人驚異的。

四、「亞特蘭提斯」——克里特文明

　　「亞特蘭提斯」是否存在？英國考古學家伊文斯研究發現了古代的克里特文明的米諾斯王國（Troy）遺址，從而將考古學界對「亞特蘭提斯」的絕望引向希望，但柏拉圖的故事是否是真的，仍需確切的證實。

「亞特蘭提斯」一直為許多學者和探險者痴迷，在兩千多年中，樂於尋找者一直孜孜不倦。他們首先從大西洋開始，但從未如願，而後又有人將傳說中太平洋的「莫爾大陸」和印度洋的「列牟利亞大陸」與亞特蘭提斯對照聯繫。但必須符合兩個條件：其一，經過科學證實，有古人類文明的遺跡；其二，符合柏拉圖對話中的描述。結果兩者都被否定了。

英國考古學家伊文斯給處於絕望的尋求者帶來了一絲希望。他透過研究發現了古代克里特文明的米諾斯王國（Troy）遺址。這古文明的發現來自於伊文斯敏銳的直覺，他在公元一九〇一年收購了位於希臘南部的克里特島，並隨後發掘出米諾斯宮殿。其大量與柏拉圖的亞特蘭提斯文明的相似點，引起了人們重新關注逝去的大陸。

在克里特文明的遺址，人們發現了距今八千年的文化。那時的古人類處於新時器時代。在島北部的克諾薩斯發現了傳說中的米諾斯王宮遺址和大量文物，包括使用象形文字和兩種線形文字的泥板文書，證實了古希臘人傳說中的有關南海米諾斯王和荷馬史詩中若干敘述的可信性。於是，伊文斯便根據這個典故，把克里特文明分為三個時期，分別稱為早期、中期、晚期米諾斯文化。伊文斯說：「這裡看不到希臘和羅馬的遺物。」米諾斯宮殿主體分為四層樓，有一千兩百至一千五百個房間。整體面積大約兩萬平方公尺。據此推測，宮殿周圍大約有八萬人居住。以後的考古者和學者從伊文斯發現米諾斯文明後，對其進行考證，發現了兩者有一些相似處。例如：在克里特島上，除了米諾斯王宮外，北岸的「瑪莉亞」、東岸的「加都沙克羅斯」、南部的「費斯特」等地也都找到宮殿遺跡，在「瑪莉亞」和「加都沙克羅斯」也發現了碼頭的遺址，壁畫中華麗的船隻、居住於分散宮殿統治者，似乎都是有權力的王族。這些與「十王執政」的故事有相似點。

亞特蘭提斯注重牛，因為牡牛是波賽頓的象徵，克里特島也與牛有重要的聯繫。在這裡，現存的宮室遺跡中可看到跳牛背的年輕人和飼牛圖等各種壁畫，酒器、器物上也經常出現牛的圖案，在用黏土製成的棺槨的葬禮畫中，所繪的犧牲品也是牡牛。圍繞克里特島關於牛的神話也很多，其中之一是大

家耳熟能詳的牛頭人身怪物米諾陶洛斯。米諾陶洛斯最終被雅典英雄忒修斯殺死。在此前它被長期囚禁在諾薩宮殿的迷宮裡。

　　銅器文化也在米諾斯文明中興盛。這些事實與亞特蘭提斯故事中的情景都相當吻合。克里特文明自創建伊始至鼎盛階段，就不斷向外擴張，曾經有百年的時間，愛琴海海域遍布著克里特的商人和殖民者，雖然克里特文明擴張很廣，但最終取得勝利的仍是希臘本土文明。而曾經的克里特文明已經成為歷史。

　　公元前十九世紀，阿卡迪卡人在克里特島建立了邁錫尼文明，取代了米諾斯文明。他們驅逐了海島上的非希臘語人，並建立了政治統治。但後人知道邁錫尼人入侵之前，克里特島突然發生天災地變，此外，克里特島其他地方也都可以發現同樣是由海嘯所造成的損害情形，這更加強了米諾斯王國歷史和亞特蘭提斯故事的相似性，特別是在克里特北岸的「奧姆尼蘇斯宮殿」，該地的損害狀況並不只是單純的地震所造成，一些巨石被推測大概是被隨地震而來的海嘯搬走了。另外，在克里特島的東北部，也可看到火山爆發之後的火山灰和浮岩，研究得出的結論是，在島嶼北方的聖多里尼島一直有旺盛的火山活動，克里特文明很可能就受到過火山、海嘯的侵襲。而在《蒂邁歐篇》中柏拉圖所說的亞特蘭提斯故事裡，整個亞特蘭提斯大陸是一片群島，其中心是半徑九公里左右的小島，在南方擁有著廣大平原的大島，這很可能就是指聖多里尼島和克里特島。柏拉圖描繪的亞特蘭提斯大陸的可能性在大量證據面前加強了。

　　我們可以這樣設想，公元前十五世紀，眾多頻率的小地震發生在聖多里亞島火山爆發前。隨之而來的噴發則噴出大量的浮岩和火山灰，順著此地區的夏季地中海季風，西飄到克里特島等地，形成大量火山灰和浮岩，火山震動又引起了巨大的海嘯，淹沒了當時存在的整個亞特蘭提斯。但所有的一切目前還處於推證階段，因為最關鍵的能夠證明亞特蘭提斯的確存在的可信證物還未發現，有待史學家們進一步地深入工作。到目前為止，柏拉圖的亞特蘭提斯空想性更大一些。

一個哲學家和思想家往往根據自己的愛好，以及最擅長的表現形式構成自己的風格。顯而易見，柏拉圖的自然哲學觀雖然荒謬，但卻是他所處的那個時代各種心理因素和認知經驗的總結。但柏拉圖自然哲學的意義遠不僅如此，他的風格代表著人類長遠認識世界所無法克服的弱點，在他的作品裡充斥著大量非現實性的怪誕空想，這在基本上給了後代哲學家和藝術家想像的空間，但這必須有個限度，就是使想像不至於削弱本質的內容。因此，對於柏拉圖的自然學說，我們不能盲目信奉，否則注定會與現代科學理論相背離。而柏拉圖對學術的冒險和挑戰，也是他的獨立態度所致。

五、亞特蘭提斯

亞特蘭提斯是柏拉圖構造的一個王國。它在一夜之間從地面消失，據柏拉圖的學生亞里斯多德說，這是一個虛構的故事，目的在於喚醒世人。

柏拉圖豐富的想像力是令人大為驚嘆的，他關於人文歷史的認識幾乎全建立在空想之上。他在《克里底亞篇》和《蒂邁歐篇》中講述了一個亞特蘭提斯王國滅亡的故事：在距今七千年前，在「赫拉克勒斯之柱」的另一端，有一個「亞特蘭提斯」王國。當時，亞特蘭提斯正要與雅典展開一場爭奪阿提卡半島的大戰，沒想到亞特蘭提斯卻突然遭遇到地震和水災，不到一天一夜就完全沒入海底，後來成為希臘人航海上的阻礙。當然這個虛幻的故事可以當作神話來讀，但柏拉圖將其列入哲學之中，也實在令人感嘆。

傳說，亞特蘭提斯王國與一個少女有關。少女與海神波賽頓結婚，生了五對雙胞胎，少女生長之處便是亞特蘭提斯的前身。後來波賽頓將整座島劃分為十區，分別交給十個兒子統治，並以長子為最高統治者，因為這個兒子叫做「亞特拉斯」（Atlas），因此該國便稱為「亞特蘭提斯」王國。

在《克里底亞篇》中，柏拉圖還記述道，在島中央的衛城中，有獻給波賽頓和其妻的廟宇及祭祀波賽頓的神殿，這座神殿內部都是以金、銀、黃銅和象牙裝飾，在亞特蘭提斯海岸設有造船廠，船塢內生產出三段槳的戰艦，世界各地的商船和商人都雲集這裡進行貿易，除島嶼本身物產很豐富外，來自埃及、小亞細亞等地中海國家的貢品也不斷湧來，因此亞特蘭提斯王國十

分強盛，分屬的十位國王分別在自己的領土握有絕對的權力，奉著神的昭示，他們有權力選擇自己國家的政治組織，為了加強彼此間的聯絡，每隔五至六年便在波賽頓神殿聚會一次。聚會的目的是討論彼此的關係及統治權力的制衡，每次聚會都要達成一項協議，在簽訂協議的儀式上要宰殺一頭飼養於神殿中的牡牛，割斷牠的喉部，用它的血液在波賽頓神殿的柱子上寫下協議條文，以增添協議神聖不可侵犯的權威性。

　　亞特蘭提斯的統治者都很英明，也沒有外敵敢於入侵，不幸的是這些國家不久以後便開始腐化。眾神之首宙斯為懲罰人們的墮落，於是引發地震和洪水，亞特蘭提斯大陸便在一天一夜內沒入海底。柏拉圖還透露出一些細節，關於這個故事，還有很大的不確定性，因為具體不知道亞特蘭提斯的方位，他還暗示在以前的希臘，所使用的文字完全不同於他所處時代的文字。《克里底亞篇》和《蒂邁歐篇》中的亞特蘭提斯是虛假的，而柏拉圖的目的是為了讓世人清醒以防腐化和墮落。這是其學生亞里斯多德說明的。

第七章 柏拉圖與美學論

　　柏拉圖的美學論是與時代不可分割的。這主要表現在以下兩個方面：一是哲學自身的演變。公元前六世紀，畢達哥拉斯提出了「美蘊藏於和諧和數形」。這以後經歷了赫拉克利特、巴門尼德、蘇格拉底，而到了柏拉圖時代，美學已經從研究自然哲學向全方位的社會哲學擴展。二是伯羅奔尼撒戰爭雅典的失利，使得藝術與現實緊密結合。在戲劇領域，民主思想、控訴不義戰爭對城邦和平的損害，在當時大戲劇家歐里庇得斯的作品中表現得極為強烈。戰爭後期，藝術大變革更為強烈，曾經的高貴、恢宏、典雅藝術被細膩生動的人物刻畫代替。

　　柏拉圖美學論就是建立在這樣的大背景之下的。柏拉圖整體美學觀念是鄙視大眾藝術。他早年傾心於純文學，對詩歌、戲劇極為青睞，由此他獲得了很高的審美情趣。但當他成為一個獨斷的哲學家之後，藝術則成為他剔除的對象。他的政治樂園將這些他認為的「表象」一掃而光，剩下了他所謂的「屬於心靈而非形體的美。」柏拉圖的美學觀深受其哲學思維影響，理念遠遠高於現實。而他的美學觀則表現為貴族化的、武斷的。

一、美的概念

　　柏拉圖眼中的美，是矛盾統一的、和諧對立的、具體而又特殊。柏拉圖最終將美概括為「永恆的善的意志的普遍性理念存在」。這是因為一件東西包含許多矛盾是他不可理解的。

　　「美的本質是什麼？什麼是美？」柏拉圖和其他美學家一樣首先對其展開討論。《大希庇阿斯篇》中，柏拉圖借蘇格拉底之口對其進行討論，認為美是具有美的具體事物（年輕的女人、母馬、豎琴、湯罐之類具有美質的東西）；美是使事物顯得美的材質（黃金、白銀、鑽石）；美是某種對精神的滿足；美是恰當、有用、有益的物質；美是視覺與聽覺引起的快感。

　　作為柏拉圖的「代言人」蘇格拉底的觀點是：上述觀點忽略了美的整體，只抓住美的某一方面，所以是不全面的。對於第一種觀點，他說，「任何美

的事物不在於它本身，而在於它的美」。這裡顯然是有表述上的錯誤的，因為按照柏拉圖文法的意思，他就是在說「美之所以為美是因為它的美」——實際上，他的本意是「美來自於表現出的美感和美的性質」。美的東西和美本身一定是迥然不同的。按照赫拉克利特的相對觀點說，美必然是對比產生的，而不是單一絕對的。例如湯罐和年輕女人比，自然是後者稱得上美，前者變得毫無生動之處，但後者若和美神相比則自然又等而下之。但美作為永恆，本性是不變的。所以一件美的東西，不應該在固定範圍內在某些人眼裡為美，而在某些人眼裡為醜。

「美是黃金，白銀」，柏拉圖借希庇阿斯之口稱，一件不美的東西綴上黃金之後就變成美的了。這時，雅典已經成為古代希臘的第一大金庫，提洛島的黃金已經被祕密地搬運到雅典的一個地方。經歷伯羅奔尼撒戰爭之後，斯巴達人破壞了雅典的政治、城垣，卻無法磨滅雅典歷史的光榮——據第歐根尼·拉爾修所述，雅典的黃金被鑄上雅典娜和貓頭鷹的標誌，在當時是成色最好的。對黃金的如此膜拜必然影響普通雅典人的審美觀，但柏拉圖批駁說：「所有的東西不一定都必須用黃金妝點成，用黃金裝飾的不一定都是美的……菲迪亞斯的聖靈雅典娜巨像所用的便不都是黃金——她毫無疑問是美的——然而除了盔甲是用黃金裝飾的，其他都是彩色的大理石和水晶、紫玉雕刻成的……」黃金之所以讓人覺得美是因為其中的固有性質與人的感覺契合，但美並不侷限於某一質料和質料所構成的單一形式。

希庇阿斯說：「古往今來，包括一切大人物在內所能體會到的最高美感就是家裡充塞著金錢，身體健康，長壽地活著，他的名字在全希臘廣為傳誦，得到人們的尊敬，父母死時可以舉辦隆重的葬禮，自己過世又有兒女為其操辦隆重的葬禮。」美是否是自我滿足？像喝醉了如羽化成仙一般呢？必須承認，直到今天，這仍然涵蓋的是世界上大多數人夢寐以求的最高理想。但這完全是某種審美情趣的問題——柏拉圖舉出遠古時代人類的例子，在黃金時代以前人們便不存在這樣的美的情節，另外，希臘時代偉大的英雄們也沒有這樣的想法，這一點可以從征討特洛伊城而埋葬在異鄉的阿基里斯身上看到——人死時並不一定要歸於故土。美不同於享受榮耀那樣短暫，它是永恆

地為任何時代所共識，它帶來的滿足，不是虛幻的，而是更穩定長久的、超越精神與物質的。

有益、正確、有用的東西稱之為「美」，對嗎？蘇格拉底本人曾表述過類似的觀點——「任何有用的東西，都可以被認為是美的或是善的，這完全是從它們帶給我們生活上的有效性上去言說的」（這並不是柏拉圖的表述，而是色諾芬在《回憶我的老師蘇格拉底》中所說出的）。柏拉圖同時列舉了一個觀點，「這必然是有道理的，因為我用木湯匙要強過金制湯匙，因為它至少不會潑灑湯，不會弄滅火，更不會打破湯罐。」在小蘇格拉底的犬儒學派和斯多葛學派那裡，這樣的思想獲得了延伸，無論是第歐根尼的犬儒派還是伊壁鳩魯派，都是鄙視發達的物質文明的，他們更多地追求簡單而實用的純生活。依照西門子的專利技術，一個人可能寧願去觀賞粗糙的史前石器，也不願意接受後代精美的、裝飾用的刀劍，因為他可以宣稱，「那裡面包含著更多單純實用的成分」，這顯然是與人類通有的被我們稱為「喜新厭舊」的審美情趣相異。柏拉圖顯然抓住了「原始實用美學」的疵點，他說：「如果一件東西被好人斥為無用，被壞人視為恰當有益的，是否可以被稱為美呢？……如果說美是善的原因，善是美的結果，原因和結果自然是不同的，就像父親和兒子一樣不能混同。」美與善緊密相連，但卻游離於外，因為善是指導需要的最高端法則。

聽覺、視覺引起的快感與美有什麼差異和共通呢？這是大多數美的東西的特質，很難想像一件藝術品或其他的歌劇、舞蹈之類的精神享受品脫離了視聽上的快感會被人讚頌。換言之，沒有視聽上的愉悅，美感自然也就不存在了。但這卻不能把美和由聽覺、視覺帶來的快感聯繫在一起，因為首先就無法解決由「制度、法律帶來的莊嚴和諧的美感，它們並不能帶來視聽上的快感」。柏拉圖駁斥了「美的快感論」。在他看來，自然味覺、觸覺、嗅覺也可以稱為美感，但它們與視覺快感顯然不同。

美是矛盾統一的、和諧對立的、具體而又特殊，既是外在的，也存在於精神之中。它游離且存在於世俗世界之外，它存在於從古至今的人類發展中，反映了各個階級各個時代人們審美的普遍情趣。這樣的觀點可以由辯證法解

釋，但邏輯上卻不合情理，柏拉圖將美概括為「永恆的善的意志的普遍性理念存在」，他認為暫時的、肉體的、快感的不屬於美。

二、美的和諧

柏拉圖認為，和諧是事物美的主要特徵，但它是取消了對立與差異的和諧，這與後代哲學家自黑格爾起建立的系統美學論是不同的，他們認為和諧源於矛盾的對立與統一，建立在不和諧的基礎上。

「美必和諧」最初源於畢達哥拉斯的「數形智慧邏輯」，他認為「數」是宇宙間最具智慧、最美的，而「數」的最本質特徵便是和諧。他認為圓形是一切建築與雕塑中最基本的線形，球是一切立體中最美的，這都源於他的和諧論。在肉體上，和諧是生命的特色。身體的冷熱、乾濕像六絃琴的長短、粗細的矛盾對立。快感則是不和諧的反應，主要源於外界刺激。他們認為，和諧由十個始基構成。這種和諧論在古希臘是一種共識，我們也可以從古希臘的建築和繪畫上尋找到和諧論巨大的影響。

柏拉圖亦深受和諧論的影響，同時他在其他方面也借鑑了畢達哥拉斯的學說，如數形理論。在《國家篇》中，蘇格拉底討論世俗藝術時說：「繪畫、織布、刺繡、建築、雕刻，以及各種具有製造性質的藝術，都是和諧的優美使然。」柏拉圖顯然把視聽的重要藝術戲劇、詩歌排除在外；他採取畢達哥拉斯學派的數形邏輯，認為真善美不僅要存在於藝術和技藝之上，還必須體現在社會與人身上。蘇格拉底在《國家篇》中曾說，凡是合理的社會，其結構必然為完美的數形結構，就像音樂一樣，達到內部各種傾向、各種力量的高度和諧；在人的身體中，和諧的作用主要表現在「理智」、「情感」、「意志」三個方面的完美調和，正如音樂世界中高、中、低三種和弦的共同作用。「理智者理應是執政中最高端的，意志與情感應該處於被統治的地位，這是完美合乎理性的統治原則，依照這樣的原則建立起的城邦政治必然是穩固的，絕對不會出現變亂等疏離現象，城邦的公民自然也就受到節制了。」這是柏拉圖政治美學的最高理想，也是他以和諧美學治國的思想。

和諧說被柏拉圖引入到政治理論和倫理學範疇中，這在某種程度上是受蘇格拉底宣揚的節制、秩序人性統一論的影響。和諧在某種意義上便代表著人的自制，但也標誌著失去了對立的因素，所以在現實中不可能有完全的和諧和自制出現。美的和諧說最初也非建立在現實中，而是空洞的和超現實的。

　　「陰陽人同體」是在《會飲篇》中的一個神話，這也是柏拉圖為人自身和諧統一而製造的。柏拉圖希望透過這個故事說明他的和諧美學論，說明人類本質上喜愛和諧，對和諧的事物會生出一種發自內心的愉悅，這印證了人憎惡分裂和對立，渴求融合與統一。在現實中人也是渴望這樣，並把這種渴望看作是一種與生俱來的東西。

　　作為柏拉圖的美的主要特徵的和諧，是他剔除了對立與差異後的和諧，而且只是單一性的和諧（他完全否認了這種矛盾，在一系列對話中，他提出了差異和對立的非存在性，即理念論系統中有關官能世界是虛幻和變化的內容）。這樣就完全架空了「和諧論」，使之建立在不真實的台階上，失去了現實性，刨除了在審美領域裡的本質特徵。後代哲學家從黑格爾起便對這個原則提出了質疑，他們認為和諧源於矛盾的對立與統一，是建立在不和諧之上的。這種理論完全與柏拉圖的理論相對，也更為現實合理。

三、美的感染力

　　美是有層級的，由此在審美時，也就有了差異。審美的過程便是靈魂昇華的過程。柏拉圖認為，審美是由低層到高層發展的，最終將達到對美的本質認識。

　　審美之間是存在差異的，柏拉圖認為，只有哲學家才能識別理念之美與物質之美，因為哲學家到各種美的境地遊歷過，他們享受了理念之美帶來的快樂，對物質之美並不嚮往。而對於一般人，他們沒有經歷理念之美，也就無從認識理念之美的快樂，只把具體事物之美看作是美的極限。在國家篇中，柏拉圖指明衛國者的審美時說：「哲學家能夠感受到真正的快樂，除此之外是感受不到真正的快樂的，都是一些虛假而快樂的映像……凡是感受理念之

美並能夠分清官能世界的美的人，他絕對淡化官能世界之美而倡導理性世界的美，這便是世界中唯一的清醒形式。」

　　對於一個哲學家的審美興趣培養，柏拉圖給以了具體的闡述。柏拉圖在《會飲篇》中借蘇格拉底之口說：「凡是想遵循正確的道理獲得高度審美樂趣的人，就應該從自己幼年時代起，傾心嚮往美的形體，而後依照誘導走入正軌。他第一步必須從熱愛某一美的形體開始，憑著美的形體孕育出美的道理，第二步就應該學會了解相互形體間的美必然是共通的。這就要求他能在許多個別美中窺見一切形體美的本質要素——假使這樣，也只有那些愚昧不化的人才會弄不清形體美之中一切相似之處，他必將把專注轉於他處，而不再拘泥單一的形體美了，否則就能感到他是多麼的渺小。再進一步，他應該把心靈的美看作比形體的美更重要的形式，從而深深地愛慕另一個縱然形體上不甚美觀者的美的心靈。再進一步的話，他應該學會考察和學習制度和行為的美，這種美也是和其他的美相貫通的，同時也使得他把形體的美看得更加淡漠，由此更進一步，他應該被各種知識所吸引，體會到真理存在的美。

　　於是便走入廣大的領域去領略美的存在，這時候，他在精神上就絕對不再是一個卑怯的奴隸，而成為了自豪的主人，他對於美的愛情使他心情振奮，像一個成年人一樣專注於磅礴的海洋，凝神體察每一點細微變化，獲得無限收穫和欣喜，在胸臆間誕生出無數優美和崇高的道理，得到豐富的哲學思想。在這樣的經歷之後，他必然大徹大悟，汲取到唯一的至善至美的知識，接受到美的本原。」柏拉圖為審美求知作出了具體的表述，他認為尋求一切偉大事物的本原都要經歷這些步驟。這是柏拉圖思想中十分重要的部分。

　　在這方面柏拉圖影響了後人，基督教哲學家聖托馬斯・阿奎納從他的先人柏拉圖的審美中學習到若干思想，在他著名的解說——《如何使靈魂解放》中，他說：「在上帝面前，靈魂會體現出他所汲取的美的力量，莫名地引起一種震盪，他沿著一生坎坷的道路探索，卻走在一條艱險的並行不悖的道路，在種種知識與誘惑中找到荊棘密布的出口，在搖擺中他逐漸醒悟過來，繼而像海水般衝撞，又像潮水般退卻下去，然而他矢志不渝地向著高大光明的地段發展，他澄澈的心靈像鏡子一樣說明了這一點……始終是恆定的，或者確

切地說是不協調的，又驚又愁的。我們生命中所有的力量都凝聚在思索周圍，如何為了實現磅礴而宏大的美而努力戰鬥，如何在這場戰鬥中取勝。他毫無顧忌地探索著，彷彿是一個聖者，總是處在不斷開始與結束之間。」這裡面暗示了柏拉圖主義經常宣稱的「上升的階梯學說」——審美的過程可以使人達到高等的審美境界，靈魂也得到昇華。這是柏拉圖給我們學習知識求得真理的過程。

四、善——美的理念極端

柏拉圖美的最本質核心最終與「理念說」接軌，它植根於「理念世界」。他並非真正的藝術家，美的最終解說也只是透過「善」來定性。但這並不妨礙他為後人對美學的研究指明出路。這具有偉大的時代意義。

「善」本身是至善至美所在，它超越了「和諧」、「智慧」，是真正的美，是最神聖崇高的。這是柏拉圖為美找到的終結點和歸屬點。《斐多篇》中，面臨死亡的蘇格拉底便懷著這樣的至善離去。他看到了未來，看到了真正的美，並從中得到無與倫比的快樂，並最終乘快樂而去，留下庸眾和凡人。《會飲篇》中的蘇格拉底將愛情上升到美的實質，「真正的美是善的化身，它非生非滅，非終非始，非增非減，非動非靜，處於一切可以理解的常態之外——它是一切美中最高端最本質的東西——因為它不是因人而異，不是在這一點美，而在另一點醜；在這個時候美，另一時候醜」，這種認知達到了對永恆常在的理解，超越世人和現象的世界。相比之下對那五種美的通常見解，顯得低下、渺小、平庸得多。這種不應限定在單純時空下的東西，更不可能用知識來表述。這就是柏拉圖所追求的永恆的「至善」。

美最終在至善那裡得歸宿。美的本質超越了一般事物的層次，植根於「理念世界」，是自在自為的沒有變化的絕對存在。從官能世界至理念世界的過渡，再到至善至美的永恆存在，美也被理念化成多個層次：最基本的為和諧，而後高一級的為理念、心靈的美——「智慧」，最高端的則是「至善」——這個宇宙的法則。

柏拉圖這個美學觀念比原始的將物質看作美要先進得多，他的美學直接影響了亞里斯多德及古羅馬美學。雖然他並非專業藝術家，關於美，也只是一個單一空洞的理念解釋（在《大希庇阿斯篇》、《會飲篇》、《國家篇》中，他列舉了許多實際的例子，並把審美和藝術創作結合於一爐，為後代鑒賞美學的人指明了道路），但柏拉圖在他的作品中對美的闡述並不相同，這又是一個難以解說的地方。在亞里斯多德及以後的許多哲學家那裡，我們都可以感受到忽視現實、注重空幻的惡果。什麼是柏拉圖所追求的美的不朽性？是脫離了貴族化的享樂和平民化的庸俗、含混。他時而強調個性，時而又要求整齊劃一，這就讓人懵懂了，難怪連黑格爾這樣的大哲學家都認為「柏拉圖的美學世界是難以理解的」。

　　一貫的看法是，柏拉圖的美學觀特別死板，如果真是這樣，我們就有必要拋開它，依靠現實（他所謂的官能世界，而不做柏拉圖的奴隸），只有想像才能拯救他。事實上，柏拉圖的開卷有益學理論是很光輝的（當我們欣賞到印象派、象徵派、拉斐爾學派這些依靠想像、超脫現實畫家的精美的作品時，我們應該感謝這位偉大的古希臘哲學家），他運用自己的想像將希臘文明上升到新的高度，使世界的文明向前邁進，雖然理論結果不為當今的人接受，但他做的貢獻要比想像中大得多，也久遠得多。

五、形體之美與心靈之美

　　柏拉圖從蘇格拉底那裡繼承了「心靈之美……遠遠超過肉體」，認為心靈美是和諧不能觸及的。柏拉圖認為心靈美比和諧更神聖，在《國家篇》中，心靈美被他提升到「最完美的，但又不是任何現實物質所構成」的高度。在他看來，一般的和諧（美）是一般事物所體現的美質，它表現在「智慧上」。《斐多篇》中，蘇格拉底這樣說：「心靈之美並不只限於物質美的和諧標準，它更加神聖……它的美遠遠超越了肉體這個狹隘實質所能統轄的範圍，而應當反其道行之……」柏拉圖將他的老師的美列入心靈美，而非阿爾西比亞德的形體美。真正給予人提升的是人的心靈而非肉體，心靈交往才是最值得人去追求的，也是真正的智者所去追求的。

六、關於藝術再現的責難

柏拉圖是世界上第一個真正重視藝術再現的哲學家，他推出了「基本圖形理論」。《國家篇》中，柏拉圖對本體與客體相關性進行的深刻討論，是此後二〇〇〇年中幾乎無人能及的。而他的美學論則開啟了唯美主義的先河，影響了代代藝術家。

古希臘時代，藝術家是被認為只執行了某種工藝的特殊人物，他們依靠自己的靈感或是神示去執行雇主的要求。莎芙在一首詩中這樣描述：「走到這一點上，似乎是某種境界做出標引，是繆斯的神火，令我魂牽夢繞，這一刻已被我遺忘，但那雕像的大理石已失去色彩，無法令我震驚，快些刻在蝕板上，這奇妙的感覺……」而柏拉圖卻在他的美學基礎上創造了「摹本圖形理論」，這是對藝術再創造的一個闡述，推翻靈感、神示的普遍概念。柏拉圖也由此成為世界上第一個真正重視藝術再現的哲學家。

當時，藝術研究領域與「製造」密切聯繫，重複「製造」是「藝術家」們的工作，但他們卻沒有仔細地查找自己的心靈與世界的反應相隔膜，認為一切藝術都是模式的、「概念性」的，藝術品成為常規和再現品也是必然的。

柏拉圖對這個問題進行了探究。《國家篇》中對本體與客體的關聯做了深刻的闡述，這在今後的二〇〇〇年中，幾乎無人能及。柏拉圖對繪畫和鏡像進行了比較，也是從這時開始，《國家篇》中映像和本體的關係就成為了美學中的經典。柏拉圖把畫家和木工做比較──木工把心靈中床的理念轉化為現實摹本的實際的床，而畫家又把木工做成的床再現在一幅畫中，這便被稱之為「理念的床的摹本外形」。柏拉圖認為，理念的床是最基本的存在，而摹本的床已經是虛幻和不真實的了，畫幅和雕刻中的床則又遠了一層，這即為藝術理論上有名的「三重再現理論」。後人對此進行了一翻理解，英國藝術理論學者布里希這樣解釋到：「如果你打電話給一個木工訂製一張床，木工必須知道這個詞的意思是什麼，或者講得詳細一些，他必須知道什麼家具可以歸納入床的範圍。畫室裡的畫家不需要對眼前的床的類別或稱呼憂愁，因為他所做的工作與概念和類別無關，而只跟個別的事物有關。」這個理論至今仍被藝術學者用於藝術創造理論。我們不得不驚嘆於柏拉圖的智慧。

真正的畫家與木工創造的差別在柏拉圖的解釋下合情合理。但這是真的嗎？這的確是值得認真思考的問題。令人信服的是，在一定生活條件下，不可能存在著因床這個物體的製作手段不同而出現的本質差別——在現代的很多企業中，床具的生產都要先經過設計師，由他們繪製出藍圖，然後再交與工人施工製作。遇到這樣的情況，設計者當然是被拒絕在理念王國之外的，因為設計者雖然沒有參照摹本創製形體卻也是依照心中的理念創造床具。摹本和指令有時很難劃分，一張設計圖到底屬於前者，還是後者呢？出售床具的工廠的「圖像指令」與柏拉圖的摹本外形卻出現順序上的矛盾。工廠把設計圖冊給顧客，然後，顧客決定是否訂購。「圖像指令」到底屬於什麼呢？我們無從知曉。

　　當我們對藝術再現進一步研究時，我們發現無從下手，思維混亂。在《國家篇》中，柏拉圖講到了「摹本與藝術再現外形之間的關係」——「一個畫家，在他所繪製的馬身上安上韁繩，然而他是無須對韁繩有所了解，因為他並非馬具的製造者。」畫家畫馬，他筆下的馬就是直接來源於理念的摹本（柏拉圖似乎在暗示，畫家畫馬只要直接參照心中的理念就可以了，閉門造車，而不必研究真馬，這樣說他就是直接的摹本的製造者），而韁繩這個馬具卻是來自於馬具製造者，所以它便仍然是圖形。然而，在古代希臘雕塑和以後的眾多作品中，我們經常可以看到實物的出現，真實的劍，真實的樹枝，如果是在馬的雕刻中安置上真實的馬具，情形又該如何呢？如果我們真的給一匹戰馬的雕像配上真實的馬具，就效果而言，很可能會強似雕刻出的馬具，但它很可能與藝術品本身不相配——而且這樣的配上真馬具的想法也可能是雕像完成之後才產生的，柏拉圖的理論給了我們對藝術的模糊認識，按他的「摹本圖形理論」，人們斟酌、衡量、反覆比較、模擬一系列活動似乎是不合理的，但現實中卻存在著。

　　柏拉圖最終的結論：藝術是有害的。無論對認識真理還是對心靈的休養，所以他將其「趕出」了理想國。同時，藝術對於任何城邦也是一種危害，如果任由其「發展肆虐」下去，必然禍亂人的心靈，造成空虛。毫無疑問，柏拉圖在害怕什麼，他不願意承認的一個明顯的事實——藝術長久的感染力使

它為更多人接受，無論是過去、現在還是未來。這也是藝術與哲學相抗衡之所在。

柏拉圖將藝術做為指令符號，被剛才馬的例子所駁倒。摹本與理念的關係也被推翻了。即使是說，任何藝術的再現都只是對摹本的再創造，這仍然是值得懷疑的。最大的反例來自於人類心理上的差異。對於有的時候，我們不需要摹本或摹本的圖形就可以想見它的原型（柏拉圖所講的心靈中的理念），比如我們看到在草地上放著一個大大的「馬」字，就會聯想到馬的樣子（而放在文字中的馬就不會有這樣的聯想），再如對一個成人而言，馬的玩具就不過是一個「摹本的圖形」，而對於一個幼兒來說，它就是一匹真正的馬——兒童世界裡的玩具千奇百怪，他們把澡盆當做大海，把木條當做戰刀，對於他們，虛幻和真實沒有固定的分野，這種情況至少在心志明確以前是廣泛存在的。我們口中的「文明」來自於人類對自然的再創造，而柏拉圖所輕視的正是「理念存在」到「摹本圖形」之間的過程。換言之，到底是什麼促使藝術家把胸臆間的內容擴張成實際的表現呢？

柏拉圖和他的追隨者們堅定地認為，理念是由善創造的，都是永恆不變的，是固定的輪廓和固有的法則。這就是使美學和藝術行為學陷入混亂的巨大起點（後來的藝術中，是否要求絕對再現演化成為了持久的爭論和派系戰爭）。如果一個人遵照柏拉圖的理論，那麼，他的任務就簡單得只剩下製造了。但事實並非如此，因為摹本到底在哪裡，每個人都要花力氣去尋找。

柏拉圖根據他的理論而對藝術家不屑一顧。他認為藝術家沒有主觀臆造，根本不是在創造事物。在他看來，藝術再現只是比摹本更加不真實，是一種人造活動——在整個古代，甚至直溯到維多利亞時代（那個時代的維多利亞的眾多藝術工場裡，人造工藝達到了頂峰，在莫里斯、瓦茲的監管下大量生產引人入勝的精工機械和珍貴的玩具），都是這樣認為的，當代，藝術家製造的東西衝垮了傳統的水壩，世界消失了，呈現給我們的是感受和心靈世界。這些在印象派和野獸派的作品中表現極為明顯。

柏拉圖對美的認識，開啟了唯美主義的先河，我們從他的美學論中看到了強烈的「唯美」情素，這在後世幾千年中都是罕見的。在這方面講，柏拉

圖的理論開啟了象徵派、維也納分離派、樣式主義等多個藝術流派理論的先河。在這些以純唯美為目的的群體中，藝術家並不關心現實世界，而寄託希望於空幻的理念空間，企圖使某個模型、作品的神聖的概念形象化，並忠實地「描摹」它。柏拉圖作為辯證法加以描述的內容，主要是對純粹美的世界的知性直覺，它必須依靠受過訓練的哲學家和善於表現者才能把「已經看見的美、正義者和善的真實」描繪出來，而且能夠把它從「天國帶到人間」。政治對柏拉圖而言，是最高的藝術。它是一種藝術——並不是在我們可能談論操縱人的藝術或做事情的藝術的一種比喻的意義上，而是在這個詞本來意義上的藝術。在他看來，政治家就是為美而創作城邦，城邦也必然成為美的表達。它是與藝術一樣，像音樂、繪畫或建築都在表達著藝術家的審美和追求。

附錄

▌柏拉圖名言錄

一個人若是不知真理，只在人們的意見上捕風捉影，他所做出來的文章就顯得可笑，而且不成藝術了。

真實的善是每個人的心靈所追求的，是每一個人作為他一切行為的目的地。

愛情，只有愛情，可以使人敢於為所愛的人獻出生命，這一點，不但男人能做到，而且女人也能做到。

決定一個人心情的不在於環境，而在於他的心境。

應該學會把心靈的美看得比形體的美更加珍貴。

每個戀愛中的人都是詩人。

製造不公比承受不公更可恥。

過度快感可以擾亂心智。

嚮往愛情的人沒有錯，有錯的是汙辱了愛情這兩個字的人。

每天告訴自己一次，「我真的很不錯。」

生活中若沒有朋友，就像生活中沒有陽光一樣。

明天的希望，讓我們忘卻了今天的痛苦。

生活若除去理想、夢想、幻想，那生命便只是一堆空架子。

貪婪是最真實的貧窮，滿足是最真實的財富。

你可以用愛得到全世界，你也可以用恨失去全世界。

沒有了愛的語言，所有的文字都是乏味的。

真正的愛，應該超越生命的長度、心靈的寬度、靈魂的深度。

愛的力量大到可以使人忘記一切，卻又小到連一粒嫉妒的沙石也不能容納。

當一個人真正覺悟的一刻，他放棄追尋外在世界的財富，而開始追尋他內心世界的真正財富。

只要有信心，人永遠不會挫敗。

不論你在什麼時候開始，重要的是開始之後就不要停止；不論你在什麼時候結束，重要的是結束之後就不要悔恨。

人的軟弱是自己最大的敵人，人的勇敢是自己最好的朋友。

「不可能」只存在於蠢人的字典裡。

有理想在的地方，地獄也是天堂；有希望在的地方，痛苦也成歡樂。

所有的勝利，與征服自己的勝利比起來，都是微不足道；所有的失敗，與失去自己的失敗比起來，更是微不足道。

上帝從不埋怨人們的愚昧，人們卻埋怨上帝的不公平。

世上最累人的事，莫過於虛偽的過日子。

人只要不失去方向，就不會失去自己。

問候不一定要慎重其事，但一定要真誠感人。

當你能飛的時候就不要放棄飛；當你能夢的時候就不要放棄夢；當你能愛的時候就不要放棄愛。

人總是珍惜未得到的，而遺忘了所擁有的。

自己要先看得起自己，別人才會看得起你。

樂觀者在災禍中看到機會；悲觀者在機會中看到災禍。

有勇氣並不表示恐懼不存在，而是敢面對恐懼、克服恐懼。

理想的路總是為有信心的人預備著。

人生最大的錯誤是不斷擔心會犯錯。

把你的臉迎向陽光，那就不會有陰影。

用最少的悔恨面對過去；用最少的浪費面對現在；用最多的夢面對未來。

快樂不是因為擁有得多而是計較得少。

在糾正別人之前，先反省自己有沒有犯錯。

因害怕失敗而不敢放手一搏，永遠不會成功。

要克服生活的焦慮和沮喪，得先學會做自己的主人。

想像力比知識更重要。

漫無目的的生活就像出海航行而沒有指南針。

一切偉大的行動和思想，都有一個微不足道的開始。

▋柏拉圖的故事

習慣的力量

大哲學家柏拉圖有一次就一件小事毫不留情的訓斥了一個小男孩，因為這小男孩總在玩一個很愚蠢的遊戲。

小男孩不服氣：「您為什麼因為一點雞毛蒜皮的小事譴責我？」

「但是，你經常這樣做就不是雞毛蒜皮的小事了。」柏拉圖回答說，「你會養成一個終生受害的壞習慣。」

習慣的力量是巨大的，人一旦養成一個習慣，就會不自覺地在這個軌道上運行。如果是好習慣，則會終生受益；要是壞習慣，可能就會在不知不覺中害你一輩子。

堅持不懈

開學第一天，古希臘大哲學家蘇格拉底對學生們說：「今天我們只學一件最簡單也是最最容易做的事。每人把手臂盡量往前甩，然後再盡量往後

甩。」說著，蘇格拉底示範了一遍。「從今天開始，每天做三百下。大家能做到嗎？」

學生們都笑了。這麼簡單的事，有什麼做不到的。過了一個月，蘇格拉底問學生們：「每天甩手三百下，哪些同學堅持做了？」有百分之九十的同學驕傲地舉起了手。

又過了一個月，蘇格拉底又問，這回，堅持下來的學生只剩下八成。一年過後，蘇格拉底再一次問大家：「請告訴我，最簡單的甩手運動，還有哪幾位同學堅持了？」這時，整個教室裡，只有一人舉起了手。這個學生就是後來成為古希臘另一位大哲學家的柏拉圖。

世間最容易的事是堅持，最難的事也是堅持。「甩手」和成就偉大事業好像沒有聯繫，但正因為柏拉圖「堅持不懈」這種優秀品質造就了他在學問上的偉大成就。

愛情和婚姻

有一天，柏拉圖問他的老師什麼是愛情，他的老師就叫他先到麥田裡，摘一棵全麥田裡最大最金黃的的麥穗。其間只能摘一次，並且只可以向前走，不能回頭。柏拉圖於是照著老師說的話做。結果，他兩手空空的走出麥田。

老師問他為什麼摘不到，他說：「因為只能摘一次，又不能走回頭路，其間即使見到又大又金黃的，因為不知前面是否有更好的，所以沒有摘；走到前面時，又發覺總不及之前見到的好，原來麥田裡最大最金黃的麥穗，早就錯過了。於是，我便什麼也摘不到。」老師說：「這就是愛情。」

之後又有一天，柏拉圖問他的老師什麼是婚姻，他的老師就叫他先到樹林裡，砍下一棵全樹林最大最茂盛、最適合放在家作聖誕樹的樹。其間同樣只能砍一棵，以及同樣只可以向前走，不能回頭。柏拉圖於是照著老師說的話做。

這次，他帶了一棵普普通通，不是很茂盛，也不算太差的樹回來。老師問他，怎麼帶這棵普普通通的樹回來？他說：「有了上一次經驗，當我走到

大半路程還兩手空空時，看到這棵樹也不太差，便砍下來，免得錯過了後，最後又什麼也帶不出來。」老師：「這就是婚姻。」

國家圖書館出版品預行編目（CIP）資料

你柏拉圖系的？跟著柏拉圖看哲學大師的輝煌成就 / 劉燁，曾紀軍 編譯.
-- 第一版 . -- 臺北市：崧燁文化，2019.12
　　面；　　公分
POD 版

ISBN 978-986-516-182-8(平裝)

1. 柏拉圖 (Plato, 427-347 B.C.) 2. 學術思想 3. 古希臘哲學

141.4　　　　　　　　　　　　　　　　　108018870

書　　名：你柏拉圖系的？跟著柏拉圖看哲學大師的輝煌成就
作　　者：劉燁，曾紀軍 編譯
發 行 人：黃振庭
出 版 者：崧燁文化事業有限公司
發 行 者：崧燁文化事業有限公司
E - m a i l：sonbookservice@gmail.com
粉 絲 頁： 　　　　　　　網 址：
地　　址：台北市中正區重慶南路一段六十一號八樓 815 室
8F.-815, No.61, Sec. 1, Chongqing S. Rd., Zhongzheng
Dist., Taipei City 100, Taiwan (R.O.C.)
電　　話：(02)2370-3310 傳　真：(02) 2388-1990
總 經 銷：紅螞蟻圖書有限公司
地　　址: 台北市內湖區舊宗路二段 121 巷 19 號
電　　話:02-2795-3656 傳真 :02-2795-4100 網址：
印　　刷：京峯彩色印刷有限公司（京峰數位）

定　　價：250 元
發行日期：2019 年 12 月第一版
◎ 本書以 POD 印製發行